Raschimura

¿Secta o familia?

Francesc Bellart

Penguin
Random House
Grupo Editorial

Primera edición: febrero de 2024

© 2024, Francesc Bellart
© 2024, Penguin Random House Grupo Editorial, S.A.U.
Travessera de Gràcia, 47-49. 08021 Barcelona

Printed in Spain — Impreso en España

ISBN: 978-84-666-7277-1
Depósito legal: B-21.383-2023

Compuesto en Comptex & Ass., S. L.
Impreso en Black Print CPI Ibérica
Sant Andreu de la Barca (Barcelona)

BS 7 2 7 7 1

Índice

Durante toda su vida, la familia de Pedro Vivancos ha tenido que defenderse del fisgoneo y la extrañeza de los otros. En los años ochenta y noventa sufrieron una intensa persecución mediática y política, en España, primero, y luego en Canadá. Aun así, han salido adelante y han seguido unidos. Merecen todo mi respeto, y no creo que sea justo fomentar esa curiosidad morbosa que siempre los ha acompañado. Pero también creo que tenía que hacerse un libro sobre Pedro Vivancos, sobre este personaje complejo y singular que afectó las vidas de tanta gente. Idolatrado por unos, odiado por otros, Raschimura es un personaje fascinante e irrepetible, con una vida que es absolutamente increíble. Si no lo hubiese hecho yo, tarde o temprano algún otro habría escrito su historia.

Y quizá yo no era la persona indicada para hacerlo. Yo no lo conocí, y el retrato que ofrezco de él en estas páginas seguro que es impreciso, además de incompleto. Hay quien dice que hago una caricatura, que lo pinto con los colores estridentes con los que lo retrataba la prensa, que no capto la verdadera aura del personaje. Por el contrario, algunos opinarán que mi retrato es demasiado benévolo, que le estoy haciendo un lavado de imagen. Pero esta es también la gracia del libro, precisamente. Y por esto he intentado ser lo más neutral posible, encontrar el terreno común donde confluyen todos los testimonios y dejar abierta la historia para que el lector decida por sí mismo qué piensa de todo esto. Porque este no es un libro sobre la persona de Pedro Vivancos (esto sería demasiado ambicioso), sino sobre el personaje de Pedro Vivancos, y sobre cómo este personaje ha quedado dibujado en los libros y en los periódicos y en el recuerdo de aquellos que se vieron afectados por él de un modo u otro.

1. El bailaor en Babilonia

Pedro Vivancos dio sus primeros pasos encima de un escenario en la taberna de sus padres, donde ayudaba haciendo de camarero.

Venían de Melilla. El padre —el teniente Fernando Vivancos Jerez— era militar. A principios de los años cincuenta lo trasladaron a las oficinas de la Capitanía General de Cataluña, y toda la familia —el padre, la madre, Pedro y su hermana Beatriz, que era dos años mayor— se fue a vivir a Barcelona. Por dos noticias breves en la sección de sucesos de *La Vanguardia* se sabe que el hombre sufrió dos accidentes con poco tiempo de diferencia: el 7 de julio de 1954, el teniente fue embestido por un turismo en la avenida Diagonal cuando viajaba en moto con un capitán de Artillería, y menos de dos años después, el 13 de abril de 1956, a las dos menos cuarto de la madrugada, en el cruce entre Valencia y Aribau, chocó con un taxi mientras conducía un Biscúter. La noticia dice también que fue asistido en el dispensario de la calle Sepúlveda e inmediatamente hospitalizado en el Clínico en estado grave.

El teniente —un hombre con un bigote fino y cabello espeso y negro— era un bebedor empedernido y un mujeriego incorregible. Los rumores decían que se gastaba lo que ganaba en la taberna en mujeres y alcohol. Más adelante se descubrió que tenía una doble vida: tenía otra familia en las islas Canarias. Cuando, a mediados de los sesenta, la mujer y la hija lo echaron de casa, Fernando se fue a vivir allí.

Pero el relato del marido dilapidador y juerguista y la pobre mujer indefensa, que la misma madre de Pedro fomentaba en cierta manera, no es un relato ni exacto ni completo. Vicenta García era una mujer inteligente y cínica. Dicen que cantaba y bailaba muy bien, y que era muy buena haciendo nudillos. Es posible que tuviera raíces gitanas, pero si era así lo escondió siempre. Ella afirmaba que venía de familia judía. Tenía ínfulas de gran señora. Toda la vida había querido que su hija se casara con un abogado o un médico, y al final lo consiguió. Uno de los lemas que solía repetir era: «Que se queme la casa pero que no salga el humo».

El bar se llamaba Las Cuevas del Carrascal y estaba en la calle Gignàs esquina con Avinyó. Solamente estuvo abierto entre 1954 y 1959, pero a pesar de su corta existencia se ganó el derecho a ser considerado, durante aquel breve tiempo, uno de los tablaos icónicos de la ciudad, como La Venta Andaluza, en la calle Obradors, o el bar de Juanito El Dorado, en la calle Guàrdia.

Para acceder al local tenías que bajar un par de escalones. Era un lugar oscuro, lleno de humo, como lo eran todos aquellos locales, con la particularidad de que el decorado —el techo combado y las paredes de piedra— intentaba imitar una cueva. Aunque, en realidad, aquello no era una cosa tan singular en esa época. Pocos años antes, cerca de la plaza dels Caputxins, en el subterráneo del bar Bretanya, alguien había tapizado las paredes como si fueran losas sepulcrales y había abierto La Cova de les Bruixes; en los subterráneos del Lion d'Or se encontraba la cueva La Rata Morta, que más tarde se convirtió en La Cueva de Arte Cinematográfico; había también el Marabú, el Montparnasse; una cueva en cada esquina, por así decir. En la cueva en la que nos encontramos ahora —que, por cierto, aún pervive, con el nombre de La Cueva de los Rajahs— el escenario quedaba a mano izquierda. Las paredes estaban cubiertas con algunos retratos de artistas del flamenco, tal vez algún cartel promocional de una corrida de toros. Había una extensa selección de jerez en los estantes. El teniente era un gran entendido en vinos. La clientela era numerosa. Acostumbraban a tocar allí Tío Enrique (Enrique Maldonado Heredia, cantaor almeriense que inspiraría a Camarón) y el guitarrista jerezano Pepe Ortega, dos artistas que el dueño había contratado como fijos. Durante un tiempo el local también acogió al trío Los Jilgueros, que en aquellos años grabaron en Barcelona un par de singles con la discográfica Belter. Encima del pequeño escenario actuaron algunos de los grandes bailarines del momento, como el Farruco o la misma Carmen Amaya.

Imaginad las mesitas de madera, que tenían un tronco macizo como base, las sillas, los gritos y aplausos de la gente. Y os podéis imaginar a Pedro Vivancos, atendiendo las mesas, moviéndose entre los comensales con gracia y decisión, inclinándose hacia ellos, sonriendo y haciendo bromas, preguntándoles si necesitaban alguna cosa. Era un chico muy simpático, divertido, espontáneo y curioso. Solo tenía dieciocho o diecinueve años, y por las mañanas estudiaba la carrera de Peritaje Mercantil, el equivalente a lo que es hoy Ciencias Empresariales.

Fue allí, en la taberna, donde Pedro Vivancos aprendió a tocar la guitarra, y fue allí, también, donde hizo sus primeros pinitos en la danza, como dice él mismo en una entrevista en *El Noticiero Universal*. Pedro tenía unas capacidades físicas extraordinarias, y cuando se le metía una idea entre ceja y ceja no la dejaba correr. Y la danza lo había poseído por completo. No le interesaba convertirse en empresario o banquero o abogado, como habrían deseado sus padres. Lo que quería era convertirse en un gran bailarín.

Cuando acabó la carrera, se apuntó a la escuela de danza de Vicente Reyes, la Academia Reyes-Quiroga, que estaba en la actual calle Nou de la Rambla, donde le dijeron que tenía dotes excepcionales para el baile, y poco tiempo después fue a la academia de Emma Maleras, maestra y embajadora del flamenco en Barcelona y una de las grandes especialistas mundiales en el arte de las castañuelas. Allí era adonde ibas si querías aprender a bailar de verdad.

Apenas cinco meses después de empezar a estudiar danza, Pedro Vivancos hizo su debut profesional, y esto era solo el principio de una carrera meteórica. Era 1961, y Pedro tenía veintidós años. Había conseguido que lo contrataran como bailarín en el Emporium, y poco después haría pareja con

Ana Guirao, con quien solía actuar en el Bolero, en el número 24 de la rambla Catalunya, un local que en la década anterior había contratado artistas internacionales de primer orden, como la cantante francesa Catherine Sauvage o el cantante-actor Philippe Clay, y que solo un año más tarde sería demolido y el solar que ocupaba adquirido por un banco. Pedro también hizo algunas actuaciones en el Panam's, en la Rambla, un teatro de trescientas localidades reconvertido en cabaré, con un gran salón circular con columnas que entonces ofrecía espectáculos para adultos y danza flamenca.

Gran parte de la información que hay sobre los años como bailarín de Pedro Vivancos se la debemos a Sebastià Gasch, que fue a verlo en el Emporium aquel mismo año, a principios de agosto, y le dedicó un artículo apasionado en la revista *Destino*, al que seguirían media docena más en poco tiempo.

Sebastià Gasch había sido uno de los grandes críticos de arte de Cataluña durante la primera mitad del siglo xx. Amigo de Joan Miró —a quien defendió a ultranza contra una legión de enemigos—, mantuvo correspondencia con Federico García Lorca y firmó, junto a Salvador Dalí y Lluís Montanyà, el *Manifest groc*, el manifiesto más importante de la vanguardia catalana, que cargaba con dureza contra «la sensiblería enfermiza servida por el Orfeón Catalán», la Fundación Bernat Metge y «la influencia sentimental de los lugares comunes raciales de Guimerà», entre otros.

Después de la guerra, al volver del exilio en París, y tras una temporada sin escribir nada, Sebastià Gasch empezó a publicar en la revista *Destino*, donde tenía una sección titulada «El sábado en mi butaca». La idea era hacer de crítico de arte, pero en realidad hablaba más que nada de danza flamenca, del circo y del *music-hall*, que para él eran algo así como los verdaderos símbolos de la cultura popular del momento. «El teatro es el ayer. El *music-hall*, el hoy», había escrito unos años atrás. Siempre le habían interesado especialmente las manifestaciones artísticas a las que la cultura oficial no prestaba atención: el cine, el circo, el jazz, el flamenco. Sebastià Gasch sentía un gran amor por la danza española. Él había sido, de hecho, la primera persona en escribir sobre Carmen Amaya, a quien había descubierto cuando era una niña de doce o trece años bailando en la taberna La Taurina. De un modo más general, aspiraba a hacer de cronista de la noche barcelonesa. Era la época de la Bella Dorita, de El Molino, del Bataclan, aunque tal vez eran más bien los últimos estertores de todo aquello.

La ciudad ha cambiado mucho desde entonces, pero hasta finales de los sesenta, y prácticamente desde principios de siglo, o en todo caso desde los años veinte, los *music-hall* y los tablaos y las salas de baile fueron el alma de Barcelona, ciudad famosa en todo el mundo por sus noches. En los años treinta, el Paral·lel era quizá la avenida con más cafés, teatros y cabarés (y también burdeles) de Europa. El Villa Rosa, La Criolla, El Pompeya, el prostíbulo de Madame Petit…, la lista es interminable. Después, por algún motivo inexplicable, el final de la guerra llevó a un auge inesperado de la danza en la ciudad. El aire estaba encendido con los carteles y pasquines de colores que anunciaban los innumerables recitales. En Barcelona los años cuarenta fueron, para el ballet clásico y la danza española, una auténtica edad de oro. Pero entonces ya se empezaba a hacer evidente que todo aquel mundo estaba a punto de derrumbarse. Sempronio describió la Barcelona de los cincuenta como «una especie de Babilonia, si no de Sodoma y Gomorra, donde promiscuan cines, dáncings, cafés, residencias, frontones, taquillas de toros, castañuelas, hetairas, picadores de toros y marinos americanos». En el Raval, en la parte sur, en lo que entonces se conocía como el Distrito Quinto o, más popularmente, el Barrio Chino —el nombre se lo dio Paco Madrid—, podías conseguir todo lo que quisieras, si estabas dispuesto a pagar el precio. El Raval tenía entonces un sabor marcadamente andaluz, y en sus calles estrechas y sórdidas resonaban los lamentos desgajados del maravilloso cante y el eco desgarrador y dolido de los tablaos. Y allí es donde se encontraba Pedro Vivancos, luchando por hacerse un nombre entre los escombros del viejo mundo. Quizá es que estaba en el lugar exacto en el momento preciso. Lo que nadie podía saber era qué sería aquello nuevo que surgiría de las cenizas, qué ocuparía el vacío cuando todo cayese definitivamente al suelo.

El Emporium estaba situado en el número 4 de la calle Muntaner, y había vivido su momento de esplendor durante la década anterior, cuando acogió artistas de renombre internacional como Josephine Baker o la gran vedete norteamericana Linda White. Como era habitual en este tipo de locales, era fácil encontrar a las bailarinas alternando con los clientes después de las actuaciones. Allí se había escuchado cantar a Aznavour y a Brel, y se había visto a una *stripper* del Crazy Horse quitarse las medias negras y, después, de repente, cómo se apagaban las luces de la sala.

La actuación de Pedro fue impecable. Era impetuoso, agresivo, con un cuerpo poderoso y obstinado. Siempre fue un bailaor apasionado y enérgico. Taconeaba con furia la tarima de madera, como si deseara hacerla añicos. Había una rigidez marcial en su manera de bailar. Le faltaba técnica, rapidez y flexibilidad, especialmente en los brazos, pero la energía y, por qué no, la mala leche que gastaba lo convertían en un bailarín único. Sebastià Gasch nunca había visto a nadie bailar de aquella manera. Tituló el artículo «Una vocación irresistible». El estilo me parece excesivo. Supongo que, en gran parte, iba con el gusto de la época, pero quizá es que aquella vez no podría haberlo escrito de otro modo. Copio un fragmento:

> Pedro Vivancos tiene dones y cualidades innatas para bailar [...]. Tiene también prestancia, arrogancia, plasticidad. Musicalidad, igualmente. Una musicalidad que se trasluce en su ágil y expresivo taconeo, en unos pies que nuestro bailarín transformó en un instrumento musical del que extrae timbres variados e infinitas sutilezas. Y sobre todo y ante todo, tiene sobriedad.
>
> Frente a ese baile que, según Escudero, consiste en «hacer ¡uy! tres pasos con meneítos de caderas y retorcimientos», frente a ese baile desmelenado que se diluye en unas contorsiones y unos desplantes que se desbordan como se desborda

el río por los campos, Pedro Vivancos baila de un modo conciso, en oposición rotunda a lo redundante y ampuloso. Y, en estos momentos, esa moderación casi merece ser marcada con piedra blanca.

La manera de bailar de Pedro era directa, enérgica, masculina, casi violenta, como si el flamenco fuera un arte marcial. Más que la simple belleza o el deleite estético, lo que provocaba ver al joven Vivancos taconear frenéticamente el escenario era aquel sentimiento de inquietud y asombro que los románticos llamaban lo sublime, y que es lo que se puede sentir contemplando las altas montañas o el mar embravecido o una tormenta. Al acabar, tenías la sensación de que tendrían que arrancar los tablones de madera del escenario y quitarle los zapatos y quemarlo todo; lo había machacado todo, no se reservaba nada.

Era un chico alto, de metro ochenta, muy guapo, con los ojos de un castaño verdoso y un hoyuelo en la barbilla. Su mirada era penetrante y franca. Era fuerte, atlético, impetuoso. Y también inteligente. En alguna parte se refieren a él como el bailarín intelectual. Leía a Dostoievski y a Ramón Pérez de Ayala. Admiraba profundamente a Bach, que siempre sería su compositor favorito. La gente, y en especial los turistas que lo iban a ver, quedaban sorprendidos de su cultura. Su tipo de baile favorito era el flamenco a la guitarra, que para él era donde se mostraba la danza en toda su pureza. Decía que sus raíces como bailarín eran puras, por su sentimiento, que era auténtico, y porque de él nacía una fuente que era pura; consideraba que sus límites estaban en él mismo.

Cuando acabó la función, Sebastià Gasch fue a buscarlo detrás del escenario. Era el inicio de una amistad profunda. No es solo que creyera en él, que también, pero pienso que había otra cosa, que Gasch sintió desde el principio una especie de simpatía inevitable hacia aquel chico poderoso y despierto. Siempre le pareció un joven maduro, con las ideas claras, que era humilde aunque hablaba con firmeza, con aquella seguridad en sí mismo que nunca lo abandonaría. Quizá veía en el joven Vivancos la última chispa antes de que el fuego se apagara, el último representante de una época que ya añoraba.

Eran tiempos difíciles para los bailarines en general: podías ingresar en el Liceo después de un duro aprendizaje, y eso si tenías suerte; pero las temporadas únicamente duraban cuatro meses. En verano podías ir a la Costa Brava, pero aquello eran dos meses, a lo sumo. Aparte de esto, solo te quedaban los cabarés. Sebastià Gasch sabía que las cenizas de aquel mundo se estaban apagando. Con la aparición de la televisión, los locales habían dejado de traer figuras internacionales; la gente prefería ver aquel tipo de espectáculos desde la comodidad de su comedor. Pero Gasch no creía que fuese problema del público; el público —dice en un artículo— siempre había llenado los locales. Lo que pasaba es que había muchos artistas que se habían estancado. Había poca sangre joven, había pocos como Pedro Vivancos.

*

Poco tiempo después de su debut, Pedro Vivancos se enroló en la compañía de Antonio —Antonio Ruiz Soler, el Bailarín, el ballet más importante de la danza española en aquel momento— y en la de José de la Vega, con las que recorrió España y parte de Europa, pero su gran oportunidad —el salto definitivo a la fama— le llegó cuando Pastora Martos lo escogió para formar con ella una de las parejas más geniales —y, sin lugar a dudas, la más peculiar— que ha dado nunca la danza flamenca.

La presentación oficial tuvo lugar en la Academia de Emma Maleras, que estaba situada en un primer piso de la calle Urgell. Era mediados de abril de 1962 y había mucha gente. Se oían los alegres repiques de las castañuelas desde la calle. Emma —que era no solo la anfitriona del lugar, sino también la gran madrina de la danza en Barcelona en aquel momento— iba de un lado a otro, repartiendo besos y abrazos. Habían invitado a la prensa, pero no había quedado claro cuál era el motivo. Sebastià Gasch no tardó en adivinarlo.

El amplio espacio entre la barra y el espejo estaba lleno hasta los topes. Había chicos con corbata y chicas arrastrando largas faldas de lunares y vestidos de faralaes. Había la flor y nata de la danza española: Consuelo Sánchez, primera bailarina de la compañía de José de la Vega, Alicia Rical, Antonio Torres. Pero el protagonismo lo acaparaban Pastora Martos y Pedro Vivancos, de pie uno al lado del otro, rodeados de gente que se inclinaba delante de ellos para darles la enhorabuena o desearles suerte.

Aquel era el motivo de la reunión: anunciar o dar la bienvenida a la nueva compañía de Pastora Martos, que había elegido a Pedro Vivancos como pareja de baile. A Sebastià Gasch le agradó ver que Pedro, a pesar del súbito protagonismo que había ganado en aquel mundo, no se jactaba de ello, sus ademanes y su trato eran todavía los de un chico sencillo y humilde. Casi parecía avergonzarse de estar allí.

Pastora le sacaba diez años a Pedro y era una bailarina consagrada, una de las grandes bailarinas de la última década. Era de buena familia. Había estudiado primero bajo el magisterio de Josefina Cira y había completado la formación en danza clásica con Phyllis Bedells, vicepresidenta de la Royal Academy de Londres, y en la Sadler's Weel School. Había actuado en las compañías más importantes de la península: el Ballet de Joan Tena —donde era primera bailarina—, los Ballets de América Latina, el ballet de José de la Vega —de quien era primera bailarina, y quien le puso el sobrenombre— o el Ballet Español de Antonio —donde era bailarina solista—. En realidad se llamaba Pilar Llorens, y había nacido en La Coruña, aunque la familia, que tenía raíces catalanas, se había trasladado a Barcelona cuando ella tenía doce años. Su padre era catedrático de Filología Inglesa en la universidad. Era una mujer delgada pero esbelta, de aproximadamente un metro setenta de estatura, con la orgullosa planta de las bailarinas flamencas y dos ojos grandes y negros debajo de dos cejas grandes y negras.

Pastora era una mujer inteligente, se veía enseguida, pero además era una mujer sabia, con conocimientos en muchos temas, y dispuesta a aprender más. Hablaba varios idiomas y tenía muchas inquietudes. También era una persona afable, y decidida, iba siempre de cara. Más adelante impulsaría otras compañías, como el Jove Ballet de Catalunya, en 1983; abrió escuelas de danza en Barcelona y Sant Cugat; fue también maestra en el Institut del Teatre y en el INEF, así como jefa de redacción de la sección de danza de Monsalvat; fundaría la primera revista española de danza (el *Boletín de danza*); haría de coreógrafa para diversas compañías de prestigio; colaboraría como traductora, historiadora y crítica de danza en varias publicaciones internacionales; escribiría una *Història de la dansa a Catalunya* y, hacia el final de su vida, sería miembro del Consejo Asesor de la International Dance Alliance de Nueva York, delegada en España del Instituto de Danza y Arte Coreográfico Internacional de París y miembro del Instituto Internacional del Teatro de la Unesco.

A su lado, Pedro —que apenas hacía un año que había debutado como bailarín, y un año y medio desde que había empezado a tomar clases de danza— podría parecer un simple aficionado. Pero el contraste que había entre ellos —un contraste insoslayable encima del escenario— era justamente uno de los grandes aciertos artísticos de la pareja, y quizá fue por esto que Pastora, que afrontaba sus últimos años como bailarina profesional, había escogido a aquel chico medio salvaje para que le hiciera de pareja.

La manera de bailar de Pastora era elegante, precisa, contenida, mental. Se notaba la sólida formación clásica. Se movía sobre el escenario con una elasticidad serena y pausada, no exenta de aplomo; ejecutaba los pasos con la certeza de una mujer camino de los treinta y cinco que no tiene nada que demostrar. Su estilo era extremadamente pulido. Daba la sensación de que sus movimientos se podían desmontar paso por paso, como las piezas de una máquina de relojería. El baile de Pedro Vivancos —un muchacho ambicioso que había aprendido a bailar en el Distrito Quinto— era puro instinto surgido de las entrañas. Agresivo, intenso, enloquecido a veces.

*

Todos los que los vieron actuar aseguran que eran fabulosos. La primera vez, si no me equivoco, fue en el Coliseum. La compañía —que oficialmente se llamaba Flamenco y Danzas Españolas, pero era conocida popularmente como el Ballet de Pastora y Pedro— la formaban la flamante pareja y los cinco bailarines que los acompañaban. El programa que ofrecían se dividía en cuatro partes: el «Baile de Luis Alonso» (clásico español), zapateado, alegrías y sevillanas. El vestuario, que había sido confeccionado en Madrid, era impecable. Aquí y allá se notaba el buen criterio y la experiencia de Pastora.

Durante una de estas actuaciones, fue a verlos Arturo Castilla, que era, con Manuel Feijóo, el fundador y director del Circo Americano, el circo más importante de España y seguramente de Europa, y él mismo en persona, encantado con el espectáculo que acababa de presenciar, fue a buscar a la pareja al acabar la función para presentarles una propuesta que no pudieron rechazar. Pastora y Pedro firmaron un contrato de dos meses, que pasaron actuando por Bélgica. Terminado este plazo, y en vista de la buena acogida del público, la compañía de baile prorrogó su contrato y pasaron ocho meses más en Alemania, donde se enrolaron en el Circus de Carola Williams, que se había asociado con los señores Castilla y Feijóo y que durante aquellos años ofrecía por Alemania y Austria el espectáculo del Gran Circo Nacional Español, el Spanischer National Circus, un *music-hall* circense esplendoroso y adornado con el exotismo folclórico de la romántica España, en el que no faltaba la presencia señorial de los caballos andaluces y con un elenco mayoritariamente de aquí.

La estrella principal del circo era la trapecista Mara, o Miss Mara, «la mujer sin nervio», pero los bailarines le iban justo detrás. También estaban la domadora de cacatúas Elena, el trío de payasos Rudi Llata y el domador de leones Pablo Noel, hijo del famoso domador Ivanoff, y cuyo hermano fue destripado por las fieras durante una actuación en Marsella. En los carteles de propaganda salían toros que luego no aparecían en el show. La gira fue un éxito. En 1963 la compañía ganó el Oscar Internacional de Circo, y la prensa española le dedicó a lo largo de aquellos años un buen puñado de páginas y elogios. El circo recibió incluso visitas diplomáticas de políticos del régimen.

Hasta 1966, Pedro Vivancos y Pastora Martos continuaron dando vueltas por el norte de Europa, viviendo en aquella pequeña ciudad móvil con más de quinientos habitantes (contando personas y animales) hecha de carpas, lonas y carros. En 1963, en Graz, la segunda capital de Austria, hicieron una demostración en la plaza mayor de la ciudad, en medio de los edificios medievales, y el alcalde en persona les ofreció una recepción.

Un dato curioso que he encontrado en un reportaje del semanario *Fotos* de San Sebastián: durante aquellos años Pedro Vivancos se ganó entre el personal del circo el sobrenombre de Séneca, debido a sus inquietudes científicas y culturales. Al parecer incluso había ayudado a diseñar la organización del montaje y desmontaje del circo, dividiendo las tareas de la manera más eficiente y adjudicando a cada cual una función adecuada a sus capacidades.

Ahora, con la perspectiva que otorga el tiempo, sabiendo todo lo que pasó después, uno se siente tentado de pensar que, a pesar de los elogios y las felicitaciones, a pesar de que su salto al éxito había sido fulgurante —y aquel era el mayor éxito al que se podía aspirar en aquel momento en la danza española—, y aunque hasta entonces siempre se había mostrado como un muchacho humilde y agradecido, quizá el joven Vivancos —aunque fuera en algún lugar del inconsciente, enterrado a gran profundidad— sentía la comezón del rencor o la envidia. Al fin y al cabo, la estrella del ballet no era él. La fotografía que usaban para promocionar el espectáculo es, en este sentido, reveladora. Es una foto muy bonita. Sobria, en blanco y negro, casi sin decorado. Pastora está sentada en primer plano, bien iluminada, grande y majestuosa, con una guitarra española apoyada en la falda, una rosa enhebrada en el cabello, los volantes de la falda tendidos a un lado y la mirada abstraída y clavada en el suelo. Él está un poco más al fondo, claramente en segundo plano, en el lado izquierdo, haciendo una pirueta mesurada, con el rostro ensombrecido y volteado hacia ella. Pero esto, en realidad, no debía ser así. No, no creo que hubiera ningún tipo de rencor o envidia. El Pedro Vivancos de entonces era un chico simpático, alegre y modesto, y trataba a Pastora con una admiración sincera y contagiosa. Pastora debía ver en él lo que veía todo el mundo: la energía desencadenada y el entusiasmo, la pasión personificada de un joven rebosante de talento y ambición.

Y pasó lo que uno esperaría que pasara, lo que tenía que pasar: bajo las carpas del Spanischer National Circus, entre acrobacias y trucos fastuosos y espectaculares cabalgatas, entre función y función, Pastora Martos y Pedro Vivancos se enredaron en una historia de amor inevitable.

*

Se casaron una mañana lluviosa de febrero de 1964, durante un descanso de la gira, en la iglesia parroquial del Espíritu Santo, en Barcelona. Tres meses antes había muerto Carmen Amaya, nacida y criada en las barracas del Somorrostro, a los cuarenta y cinco años. La misma multitud que se había unido para despedir a la gran bailaora —casi convertida en santa por los devotos del flamenco— se congregaba ahora a las puertas de la iglesia para celebrar la unión de aquellos dos bailarines extraordinarios. La gente había sido citada a las siete y media de la mañana y hacía un frío espantoso. Todavía era de noche, y, más allá de la muda gente embutida en abri-

25

gos y bufandas, las calles estaban vacías. Había muchas personas conocidas, todo el mundo de la danza al completo, lo que daba cuenta del estatus que ostentaba la pareja en aquel momento. Junto con Vicente Escudero, Joan Magrinyà y Alfons Puig, Sebastià Gasch fue uno de los testigos de la ceremonia matrimonial.

Después los novios hicieron un viaje de bodas por España y por Marruecos, y a principios de marzo se reincorporaron al circo, donde continuaron con su espectáculo durante dos años más. Tuvieron a su primer hijo ese mismo año, durante una de las giras. Como gran parte de los hijos de Pedro Vivancos, tuvo un nombre bíblico: se llamó Moisés. La pareja tuvo dos hijos más: Jacobo Abel, que nació en 1966, cuando la pareja todavía estaba con el circo (si bien entonces Pastora ya no bailaba, sino que solamente dirigía), y Gala, nacida en 1970, poco antes de que Pastora y Pedro se separasen.

No mucho después del nacimiento de Jacobo Abel, los bailarines rescindieron el contrato con Castilla y Feijóo, bajaron el telón y deshicieron la compañía. Para despedirse de aquella vida fastuosa se compraron un Mercedes 220 descapotable y regresaron desde Alemania haciendo una larga ruta por las grandes ciudades de Europa, parando a comer en los mejores restaurantes y visitando las mejores salas de fiesta.

La familia se instaló en Barcelona, en un ático de la calle Padilla, pero estuvieron allí poco tiempo. Pastora quería criar a los niños en un entorno más libre, no en el bullicio de una gran ciudad, así que a finales de los sesenta se marcharon a vivir a Sant Cugat del Vallès, que entonces no era todavía una ciudad, sino un pueblo, un pueblo que estaba sufriendo grandes transformaciones, económicas y demográficas. En 1969, Pastora abrió allí su primera escuela de danza, La Escuela de Danza Pastora Martos, a la que seguiría una segunda en Barcelona pocos años más tarde. Hoy en día hay una pequeña calle en uno de los extremos de Sant Cugat, paralela a la avenida de la Clota, que lleva el nombre de la bailarina y maestra. Pedro Vivancos, por su parte, encontró trabajo como profesor de guitarra en el colegio Viaró, del Opus Dei.

El matrimonio, en aquel tiempo, ya estaba roto. El nacimiento de Gala fue la última chispa de una relación que ya estaba sentenciada. Y esta podría haber sido toda la historia de Pedro Vivancos. Hacía tiempo que él y Pastora habían dejado de aparecer en los periódicos. Habían hecho lo que se esperaba que hicieran, lo que hace todo el mundo: comprar un piso, tener hijos, buscar un trabajo formal; no había motivos para estar alerta. Nadie podía imaginar todo lo que pasaría, y lo digo de manera literal. Sencillamente, no se daban todavía las condiciones necesarias para imaginar lo que tenía que pasar. Si alguien venido del futuro le hubiera explicado a Sebastià Gasch o al propio Pedro Vivancos todo lo que se sabe ahora, no es que no lo hubieran creído, es que no lo habrían entendido. El mundo que hasta entonces habían conocido todos ellos no escondía la posibilidad de Raschimura; faltaban herramientas, conceptos; solo podía surgir en un contexto completamente nuevo, en aquel nuevo mundo que justamente se estaba constituyendo.

Cuando aterrizó en Sant Cugat, Pastora tenía casi cuarenta años, y lo hacía después de una carrera larga y exitosa, pero Pedro no había cumplido todavía los treinta. La carrera como bailarín de Pedro Vivancos había sido luminosa pero fugaz. Parece imposible, pero las matemáticas son tenaces: cuando se retiró de los escenarios, hacía apenas cinco años que el joven bailarín había saltado por primera vez ante el público del Emporium. Había debutado, había triunfado, había tocado techo y ahora tocaba renunciar a todo aquello, despedirse de los aplausos, recoger los trastos y establecerse en algún lugar y fundar una familia. Pero no pretendo decir que esto pudiera haberle creado algún tipo de inquietud o frustración. Lo que Pedro Vivancos perseguía no era el éxito, nunca fue el éxito, y la paternidad siempre fue para él un deseo prioritario, incluso una obsesión.

A fin de cuentas, a lo largo de su vida llegaría a tener cuarenta hijos.

2. El brazo más rápido de Tokio

Al principio, había dado clases de guitarra en el colegio Viaró. Sus hijos mayores estudiaban allí de manera gratuita, aunque a ambos los acabarían expulsando. En el libro *Las sectas, hoy y aquí*, el periodista Pepe Rodríguez explica que Pedro Vivancos se comportaba de manera extravagante: se sentaba a comer solo, apartado del resto de los profesores, y comía las naranjas a mordiscos, sin pelar. Fue en aquella época cuando empezó a ir a clases de artes marciales. Cuando era niño, en Melilla, ya había practicado algún tipo de lucha.

Pedro siempre había sido muy dotado, en muchos y diversos aspectos, tenía una facilidad maravillosa para aprender, especialmente en disciplinas que implicaban el uso del cuerpo. Cuando era un adolescente había destacado como futbolista en el C. C. Santa Dorotea. Se había sacado guitarra clásica en dos años, a distancia y con matrículas de honor, había triunfado como bailarín de manera casi instantánea y también destacó enseguida en las artes marciales. Siempre seguiría aquel patrón: se lanzaba a una actividad u otra y se obsesionaba por demostrarse a sí mismo y a los demás que podía ser el mejor en cada una de ellas. Cuando lo conseguía, pasaba página; si la cosa había dejado de ser un desafío, ya no aportaba nada y se convertía en un lastre. Él nunca se aferraba a nada, nunca tenía la necesidad de conservar nada.

Resulta difícil rastrear el origen de su interés y sus primeros pasos en las artes marciales. Parece que primero estudió judo bajo las órdenes del maestro francés Henri Birnbaum, que a principios de los años cincuenta había abierto en Barcelona el primer dojo de artes marciales de la península. El gimnasio estaba en el número 230 de la calle Aribau, y era uno de los tatamis más grandes de Europa. En el frontis del club, iluminada por la luz natural que se filtraba a través de unas enormes claraboyas, había esculpida la frase: «La cortesía es la principal regla del judo». En el frontal opuesto había, presidiendo el recinto, una foto de Mikonosuke Kawaishi, profesor de Birnbaum, con su cinturón rojo y blanco de séptimo dan.

Es probable que fuera en aquel gimnasio, o a través de las amistades que debió de hacer allí, donde Pedro descubrió el taekwondo. En pocos años, Pedro Vivancos acabaría dominando varias disciplinas de lucha, pero siempre sintió una predilección especial por el taekwondo. El gimnasio de taekwondo más antiguo de Barcelona —el Juntai— fue fundado por el maestro coreano Jon Young Tai en 1969, y es muy posible que fuera allí donde aprendiera este arte marcial, aunque no he encontrado ninguna prueba de ello.

El taekwondo, que en aquella época era conocido como el kárate coreano, es un arte marcial basada en el uso de una gran variedad de patadas, y que se caracteriza por su énfasis en la velocidad, la agilidad y la precisión de los movimientos. Hacia 1970, en cualquier caso, tanto el taekwondo como el kárate eran algo nuevo en España, y como eran considerados un deporte violento por el régimen, las clases debían hacerse de manera casi clandestina. Sin embargo, las nuevas artes marciales empezaban a ganar una gran popularidad en todo el país. El entonces príncipe Juan Carlos de Borbón llegaría incluso a ostentar un cinturón negro segundo dan de kárate y se convertiría en uno de los principales abanderados de aquellos nuevos deportes. En 1968 aceptó la presidencia de honor del Karate-Kan, uno de los primeros clubes del país, y en 1970 presidió el primer Campeonato de España de Kárate. El primer Campeonato Europeo de Taekwondo se disputaría precisamente en Barcelona, en el Palau Blaugrana, en 1976.

*

En 1971, con todas aquellas destrezas y conocimientos que había adquirido en sus treinta y dos años de vida, Pedro Vivancos abrió su propia escuela en un primer piso, en Sant Cugat, cerca de la estación. El local era una especie de nave, no había decoración de ningún tipo. Enseñaba guitarra, baile (danza clásica y española) y taekwondo. Las clases de artes marciales, que, como las de danza, se hacían en la planta baja, eran espartanas; las lecciones comenzaban muy temprano, a las siete de la mañana, y las duchas no tenían agua caliente. Encima había una especie de entrepiso donde se hacían las clases de guitarra.

Pedro era un maestro extraordinario. A aquel dominio excelente de una multiplicidad de disciplinas añadía un enorme carisma y un interés profundo en sus alumnos. Uno de los primeros alumnos de guitarra que tuvo Pedro se llamaba Albert Martín. Era un buen chico, de buena familia, tímido, que había estudiado para ser aparejador y que desde hacía un tiempo se había apasionado con la guitarra. Quería ser músico. Se pasaba todo el día practicando, pero le faltaba técnica, porque nunca había tenido ningún profesor de verdad. Alguien le aconsejó que fuera a Sant Cugat, donde enseñaba el maestro Pedro Vivancos.

Albert llamó al sitio y acordó que iría el sábado a la una de la tarde. Contaba con estarse allí aproximadamente una hora. Salió a las nueve de la noche.

Todavía hoy Albert recuerda perfectamente aquel primer encuentro con Pedro. Al llegar al lugar, le preguntó a una chica (era Paloma Lago, de quien hablaremos más adelante) dónde se encontraba el señor Vivancos, y ella le indicó que subiera al segundo piso. Allí encontró al maestro, dando clase a algunos chicos. Albert se presentó y Pedro le hizo sentarse y le pidió que tocara algo. Albert tocó alguna pieza que conocía bien, una pieza clásica. Pedro lo estuvo mirando atentamente, y al terminar le dijo:

—De los diez dedos, le puedo salvar uno.

Con el resto de los dedos, le dijo, tenía que empezar de cero. Y eso es lo que hizo Albert. Se cortó las uñas y empezó a aprender a tocar la guitarra desde el principio, como si no supiera nada de nada.

Las clases con Pedro eran absorbentes. No eran en absoluto las típicas clases de guitarra, o no eran solo clases de guitarra, Pedro no era solo un profesor de guitarra. Mientras estaba con sus alumnos, mantenía conversaciones personales con ellos, se preocupaba por ellos, les preguntaba por sus problemas, les daba consejos, les hablaba de la vida, del amor, de la felicidad. Sus palabras parecían llenas de sabiduría. Le envolvía un aura de respeto. Albert no podía esperar a la siguiente clase. Al final, para poder pasar más tiempo allí, con él y con el grupo, se apuntó también a clases de taekwondo.

Pedro, a pesar de ser cercano y afectivo, era un maestro estricto. Desprendía un enorme carisma y un gran respeto. Era guapo, fuerte, inteligente, divertido y seguro de sí mismo, y había tenido una carrera exitosa. A veces, Pedro relataba a sus alumnos cómo había cruzado Europa con el Mercedes descapotable, y los alumnos quedaban deslumbrados.

También era un maestro generoso. Se preocupaba por aquellos chicos, se sentía como un padre para muchos de ellos. En su escuela aceptaba a todo el mundo. Si alguien no tenía dinero para pagarle, él se lo perdonaba, lo acogía de todos modos, le daba clases a cambio de que le echara una mano con la administración del negocio, quizá a cambio de que barriera la sala al acabar, que limpiara las guitarras o le ayudara a mover un armario o a dar una mano de pintura en las paredes.

Todo comenzó así, en realidad, de la manera más inocente. Empezó a acoger a chicos en el gimnasio. Eran jóvenes desencantados con la sociedad, chicos y chicas que se habían marchado de casa de sus padres y que no tenían trabajo ni perspectivas en la vida. La oferta era esta: él les daba maestría y techo, podían incluso vivir allí, gratuitamente; los estudiantes, a cambio, aprendían a hacer manualidades que luego vendían en lugares como El Corte Inglés de la plaza Cataluña. De esta manera ayudaban a sacar adelante la escuela. Fabricaban jerséis, collares, bisutería. Durante un tiempo montaron una especie de taller de cuero.

Cuando dejó definitivamente a Pastora, Pedro Vivancos se instaló a vivir con aquella pequeña comunidad que había congregado a su alrededor: eran sus primeros discípulos.

En una entrevista concedida años más tarde a *El País*, Pedro Vivancos recordaría aquellos tiempos con añoranza y evocaría con ternura las comidas, efectuadas en comunidad, en las que se compartía lo poco que se podía adquirir con ciento cincuenta pesetas, y que la mayor parte de las veces consistía en hígado de cerdo y verduras. Entonces la única regla —dice Pedro en la entrevista—, la única ley, era la de la propia fuerza. Todos lo respetaban, y lo respetaban por temor.

*

Pedro Vivancos siempre había sido muy seductor. Durante un tiempo corrió el rumor de que se había enredado sentimentalmente con una de sus alumnas, la hija de una familia importante y adinerada de Sant Cugat. Podría ser que aquella aventura hubiera sido uno de los desencadenantes de la separación con Pastora Martos. La separación debió de ser gradual, en todo caso, porque durante mucho tiempo Pedro siguió te-

34

niendo contacto con los hijos. Los niños estaban entre semana con la madre y los fines de semana iban con Pedro. Cuando Pedro estaba con ellos, les dedicaba todo su tiempo, toda su atención, descuidaba sus clases y desatendía a sus alumnos, hasta el punto de que algunos habían llegado a quejarse por ello. Pero con los años, y a medida que se hacía patente aquella metamorfosis que estaba teniendo lugar en el interior de Pedro Vivancos, Pastora acabaría cortando toda relación con él. De hecho, casi veinte años más tarde, cuando redactó su propia biografía para el volumen *Història de la dansa a Catalunya*, Pastora Martos omitió ostentosamente al que había sido su marido y compañero profesional: incluso cuando habla de la compañía que ella misma fundó y con la que recorrió Europa, nombra a todos los bailarines que hacían de comparsa menos a él, que era el bailarín principal.

Quienes vivieron aquella época hablan de un proceso de transformación. No era que cambiara en la manera de ser, o no exactamente. Pero aquellos rasgos que caracterizaban a Pedro, como la seguridad en sí mismo o la búsqueda del perfeccionamiento espiritual, se fueron pronunciando con el tiempo. Sus discursos en defensa del ascetismo se fueron haciendo cada vez más profundos y radicales. Al final todo se reducía a una especie de batalla interior contra sus propias pulsiones y contra su propio ego. Por un lado, Pedro Vivancos consideraba el egoísmo uno de los grandes males de la humanidad, y se esforzaba por combatirlo; no se le puede decir que fuera egoísta: lo entregaba todo a los demás, todo lo hacía por los demás; sin embargo, justamente al convertirse en su maestro y guía, no podía evitar sentirse o saberse por encima de los demás. Aspiraba a la renuncia y a la vez quería tenerlo todo para él. Cada día se mostraba un poco más dominante y un poco más filosófico. Llegó un punto en el que era capaz de compararse con toda tranquilidad con Buda o Jesucristo.

Cuando, en 1973, tras una larga lucha, el Tribunal Eclesiástico le concedió finalmente la separación a Pastora Martos y lo apartaron de sus tres hijos, Pedro Vivancos se derrumbó.

—El juez me preguntó qué quería. Me ofreció el televisor, los muebles, la casa… Lo único que yo quería era a mis hijos —explica Pedro Vivancos en la entrevista a *El País*—. Era lo único que no me daban. Creí morir. Ahí están mis llantos, recogidos en tres libros de poemas. Jamás serán publicados.

Quien encuadernó estos libros, por cierto, fue Salvador Grau Mora, uno de los fundadores de Esquerra Republicana e impresor clandestino durante la dictadura. Cuando *El Periódico* le preguntó sobre su encuentro con Pedro Vivancos, respondió: «A simple vista se ve que es un psicópata».

*

Aquel momento marcó un antes y un después en la vida de Pedro Vivancos. Hay quien dice que enloqueció. En cualquier caso, fue justo entonces cuando emprendió su viaje a Japón, o a China, o a Corea, o a los tres lugares a la vez. Nadie sabe a ciencia cierta qué países visitó y cuáles no, ni cuánto tiempo estuvo, ni qué pasó exactamente allí. Aquel viaje resulta ahora casi legendario, una travesía mística que permanece para siempre soterrada en una nube de incertidumbre. Fue allí para subir algunos dan en su cinturón negro de taekwondo, pero por el camino descubrió también el antiguo arte de la meditación trascendental y la medicina china. Fue allí para terminar de completar aquella transformación que se estaba produciendo en él, o quizá para encontrar respuestas a las preguntas que no lo dejaban vivir en paz. Aunque hay quien opina que, conociéndolo, es perfectamente posible que ni siquiera llegara a salir nunca de la península.

Eran principios de los setenta y una oleada de orientalismo se había extendido por todo el mundo. Además, eran tiempos convulsos en España. Franco estaba a punto de morir y nadie sabía qué pasaría en el futuro inmediato. Los jóvenes se habían alzado en una revuelta que apuntaba más allá de la dictadura. El movimiento hippy se había extendido desde el barrio de Haight-Ashbury, en San Francisco, a todo el planeta. Era la época del rock, la libertad sexual y las drogas psicodélicas. En Barcelona, los cabarés habían dado paso a los clubes o discotecas, como el Bocaccio, el Bacarrá, el Ciro's, Le Clochard o el Lord Black, en el parque de atracciones de Montjuïc, «la primera *boîte* psicodélica de España». Los jóvenes se dejaban crecer la barba y el cabello y, desencantados con el materialismo vacío de Occidente, buscaban un sentido a su existencia en el exótico imaginario religioso de la otra mitad del globo terráqueo. En 1965 Allen Ginsberg le había pagado el pasaporte de entrada a Estados Unidos a Srila Prabhupada, el fundador de los Hare Krishna; en 1968, los Beatles habían viajado a la India para participar en un curso de meditación trascendental en el ashram del gurú Maharishi Mahesh Yogi; y al año siguiente, las reverberantes cuerdas del sitar de Ravi Shankar habían sido protagonistas en el Festival de Woodstock.

A todo esto, el mundo asistía al nacimiento del cine de artes marciales, producido al principio en Hong Kong y ahora también en Hollywood. En 1971, un desconocido Bruce Lee, un joven chino que trataba con la flor y nata hollywoodiense y que había aparecido en algunos capítulos de la serie *Batman*, presentó a la Warner Brothers una idea para una serie: un monje Shaolin vaga por el viejo Oeste socorriendo a la gente, con los pies descalzos como única arma. Un año más tarde, la Warner, que despachó a Bruce Lee de malas maneras, llevaría a cabo un proyecto prácticamente calcado, y otorgaría el papel protagonista a David Carradine, a quien los productores ejecutivos debieron de considerar más adecuado para el puesto que un chino que apenas llegaba al metro setenta. *Kung Fu* se estrenaría en el año 1973 en Televisión Española, que ofrecería reposiciones de la serie de manera casi ininterrumpida durante las dos décadas siguientes.

Las artes marciales, de pronto, se habían puesto de moda. Los dojos y gimnasios, las escuelas de taekwondo y de kárate parecían inundar las calles. Muchas de estas escuelas tenían colgado, en la pared frontal de la sala principal o del vestíbulo, como si fuera un icono o un santo, un retrato del maestro (el senséi), en el que a menudo se proyectaba un aura de sabiduría sin duda exagerada. En 1974, Carl Douglas lanzó el sencillo «Kung Fu Fighting», que se colocó en lo más alto de las listas de todo el mundo.

It's an ancient Chinese art and everybody knew their part
From a feint into a slip, and kicking from the hip
Everybody was kung-fu fighting

Eran los tiempos de Lobsang Rampa y Carlos Castaneda, de los curanderos, los homeópatas, los iridólogos, la acupuntura y las flores de Bach, el reiki y el chi kung, los yoguis y la macrobiótica, que culminarían en 1978 con el Congreso de la Otra Medicina, un cónclave de ponencias internacionales celebrado en la sede del Palacio de Congresos, en Montjuïc.

Y resulta que allí era donde se encontraba Pedro Vivancos. Había sido el último representante de un mundo que se caía a trozos y ahora encabezaba la marcha del nuevo mundo, como si lo hubiera vaticinado. Allí, en Sant Cugat, los fines de semana solía llevar a los niños al cine. Veían películas de Terence Hill y de Bud Spencer, westerns, pero lo que más les gustaba eran las películas de artes marciales.

Cuando el juez le retiró la custodia de sus hijos, Pedro Vivancos sintió como si le hubieran arrancado una parte de él. La leyenda dice que se compró un billete de avión y se marchó al Lejano Oriente a buscar respuestas. En China o en Japón alquiló una habitación en una pensión de mala muerte; el lugar era tan horripilante que Pedro —esto es lo que él mismo explicaba— dormía no encima de la cama, sino debajo, escondido, por si algún intruso irrumpía a medianoche. En aquel viaje se examinó y sacó, además del quinto dan de taekwondo, cuatro cinturones negros en otras artes marciales: judo, kárate, kendo y iaido. También aprendió yoga, masaje chino, hipnosis, acupuntura y medicina china. Al menos eso es lo que aseguraba después el propio Vivancos. Parece una proeza imposible, pero si había alguien capaz de cumplirla, quizá era él.

Cuando más tarde recontaba la historia a sus hijos y a sus discípulos, Pedro les explicaba que, allí en Japón, una vez, le tocó enfrentarse en combate contra alguien que, supuestamente, tenía un rango superior a él, pero que lo tumbó en menos de dos minutos. Aquella proeza, y su destreza y contundencia en la lucha, le habían valido un sobrenombre de película: los japoneses lo llamaban «el brazo más rápido de Tokio».

Pedro Vivancos regresó de su viaje a Japón y a China con la cabeza afeitada y vestido con un largo keikogi negro. Su transformación estaba completa. En aquel viaje no solo se había convertido en un arma mortal y en un experto en medicina china. Se había convertido en un hombre nuevo, quién sabe si en algo más que un hombre.

Se había convertido en Raschimura.

*

De regreso a Sant Cugat, el nuevo Pedro Vivancos rebautizó su gimnasio con el nombre de Escuela de las Cuatro Artes y ofreció a sus alumnos un contundente discurso sobre el nuevo camino que se abría ante todos ellos. Hubo una escisión en la comunidad. Algunos decidieron abandonarlo. Otros, sin embargo, siguieron con él.

A partir de ese momento, Vivancos impuso una vida monacal a sus discípulos. Ya no se trataba solo de aprender a bailar y a hacer taekwondo, quería enseñarles algo más importante. Los hacía correr por la montaña, de madrugada, casi desnudos, los obligaba a soportar con estoicismo el frío del invierno. Practicaban varias horas de meditación cada día y entrenaban incesantemente las artes marciales. La alimentación era estrictamente vegetariana: lentejas, soja; a veces, durante semanas solo comían arroz hervido. Dormían en el suelo, se duchaban con agua fría. El maestro los ponía constantemente a prueba, los forzaba hasta donde podían llegar, los confrontaba con sus límites.

Así es como le llamaban los discípulos: Maestro, o Padre, o Siervo. Nadie le llamaba nunca Pedro, aquello habría sido demasiado informal, casi una falta de respeto. Pedro Vivancos se había erigido en una figura que infundía una gran deferencia. Raschimura ofrecía largos discursos a sus alumnos, compartía con ellos todo lo que había aprendido o le había sido revelado en aquel tiempo. Detrás de todo aquello había una filosofía más o menos compleja que había que descubrir. Como en el mito de la caverna, él había ascendido hasta la luz (él decía que estaba en el sexto estado; el séptimo era la iluminación) y ahora volvía a las sombras para compartir sus conocimientos con sus discípulos, con el único propósito de ayudarles a abrir los ojos. Quería liberarlos, les decía, de las rígidas paredes que les había impuesto la cultura. La sociedad los había vuelto débiles y acomodaticios; él les enseñaría a ser fuertes. Allí, en su gimnasio, podían deshacerse de los vínculos de la sociedad y hacerse dueños de su propio destino. Allí podían sentirse protegidos del mundo, del egoísmo de los seres humanos, de la decadencia de Occidente. Pero no era un camino fácil; a cambio tenían que sacrificar algo.

Es importante notar que Pedro Vivancos, a pesar de su conversión, o transformación, no había abandonado el cristianismo. Sus creencias filosóficas, que habían ido tomando forma en los últimos años, eran un compendio sincrético de taoísmo, budismo, judeocristianismo y filosofía samurái japonesa.

La columna vertebral de su discurso era algo así:

El mundo nos parece gobernado por pares de opuestos irreconciliables: el día y la noche, la luz y la oscuridad, la vida y la muerte, el hombre y la mujer. Pero esto no es más que una falsa apariencia, porque estos opuestos son en realidad una sola y única cosa. Si no existiera el día, no existiría la noche; si no existiera la muerte, no existiría la vida, etcétera. Los contrarios se necesitan el uno al otro para tener sentido, para manifestarse, para ser. Lo que difiere de sí mismo coincide consigo mismo; de la lucha y el conflicto es de donde surgen todas las cosas. En realidad, cuando trasciendes los sentidos o superas la falsa dualidad con que los humanos nos empeñamos en mirar el mundo, te das cuenta de que las fronteras entre las cosas no son tan nítidas como parecía a primera vista, y luego, si sigues pensando en ello, te das cuenta de que en realidad todas estas categorías («día», «noche», «bien», «mal») solo son fabulaciones humanas. No hay separación entre lo que existe. Todo lo que hay en el mundo es, en el fondo, una única cosa. El día y la noche son una sola cosa. El bien y el mal son una sola cosa. Tú, yo, este libro o ese árbol: todos somos uno.

«Si el hecho de robar es un bien para el ladrón y algo malo para quien es robado, Dios se encuentra entre los dos», explicaba Raschimura a sus discípulos.

El primer párrafo de un recetario que publicaron ellos mismos a finales de los setenta resume bien el sentido de su filosofía:

> El Universo es un gran Uno. Todas las cosas y todos los seres vivos forman parte de él y están sujetos a sus leyes.
>
> El hombre, como parte integrante del inmenso Macrocosmos del Universo, debe vivir en armonía con estas leyes y así, alimentándose de una forma sana y austera, y apartando de su lado la violencia, la insatisfacción, la angustia y el miedo, conservará la paz en su alma, y no enfermará nunca, pues, aunque su cuerpo se fatigue, le mantendrá al abrigo de la enfermedad.

Esta es, *grosso modo*, la base metafísica con la que Pedro Vivancos aleccionaba a sus fieles seguidores, que él llamaba sus «sadacas». No se trata de ideas en absoluto nuevas. Una concepción del mundo parecida la encontramos por ejemplo en Parménides y otros filósofos presocráticos, y también en el estoicismo, en el taoísmo o en el panteísmo de Spinoza. Pero Vivancos siempre defendía que él había llegado a estas conclusiones por sí mismo, y veía su visión del cosmos como una innovación.

Ligada estrechamente a esta metafísica había toda una doctrina moral, basada en gran medida en la renuncia y el ascetismo, además de un rechazo encarnizado a la medicina occidental. Pedro se refería al mundo exterior como «el mundo par», de una manera despectiva, un mundo donde todo lo que importaba eran los méritos, los honores, subir y subir, situarte por encima de los demás, amasar más que nadie. Ellos, en cambio, eran el «mundo Uno», donde todos entendían que a través de la renuncia a la individualidad y el egoísmo podían aprender a sentirse parte del todo. Pedro solía repetir esta frase: «La conciencia de los hechos me hace saber que son irrepetibles, y es por eso por lo que los vivo como únicos».

Hablaba a sus discípulos del amor, un amor que ellos desconocían. Les explicaba la confusión que tenían al considerar como amor lo que él llamaba «en amor», poniendo el amor en algo con la esperanza de obtener algo a cambio. Eso, según él, desvirtuaba el verdadero amor y era su mayor obstáculo. Decía que el ego era lo único que había que ignorar para encontrar la felicidad y el sentido de la vida.

Más adelante comenzaron a grabar todos estos discursos en cintas magnetofónicas, que se guardaban en una caja que llamaban El Arca, y un par de discípulos se encargaron de transcribir las palabras del maestro y compilar todas sus enseñanzas y aforismos. Hacia el año 1978, estos escritos ocupaban varios volúmenes. El libro, que nunca ha sido publicado, se titula «El libro de los actos».

Pedro Vivancos hizo grabar unas pequeñas placas para que sus discípulos llevaran colgadas del cuello, donde decía:

En la forma en que participéis vuestra intimidad está vuestro valor y en la forma en cómo viváis los actos diarios que forman vuestra intimidad está vuestra sabiduría.

Valor y sabiduría son las dos columnas básicas que soportarán el peso de vuestra veracidad. Ya que vivir verazmente implica ser sabio y ser valeroso.

*

Poco a poco, aquella comunidad de amigos iba estrechando sus vínculos. Quien dictaba siempre el orden del día era Pedro, que con el tiempo se había ido convirtiendo en algo más que un maestro para aquellos muchachos. Él era quien decidía por todos, y lo decidía todo: la hora de levantarse, qué comer, qué hacer en cada momento. Todo el mundo le obedecía. Si no estabas dispuesto a seguir sus directrices, podías largarte: «Si no tienen confianza en mí, márchense», les decía él. Nadie se quejaba nunca, porque eso era interpretado como signo de debilidad. Si alguien caía enfermo, aunque solo fuera un simple constipado, se consideraba la enfermedad como una manifestación de su debilidad.

Era un maestro estricto; siempre lo había sido. En las clases de artes marciales, los combates eran encarnizados. Raschimura los entrenaba para ser guerreros, y eso significaba que no podías dormirte. Las clases eran respetuosas, pero implacables. El gimnasio no tenía ningún colchón en el suelo; cuando caías, lo hacías contra las duras baldosas. Era habitual acabar con algún morado en el cuerpo. A veces, si no prestabas atención, Pedro te podía golpear la espalda con la espada de kendo. A veces castigaba a los discípulos a hacer flexiones sobre arroz, que se clavaba en la carne. Era una manera de endurecer los nudillos y las manos.

Los únicos cinturones eran el blanco y el negro. Pedro opinaba que todo aquello de los cinturones de distintos colores era un invento occidental para estimular a los estudiantes a progresar, y que a él aquel método no le interesaba. Para él, las artes marciales no eran un deporte, sino una forma de vida. Todo el mundo era cinturón blanco hasta que aprendías a ser un auténtico luchador, y entonces obtenías el cinturón negro, algo que solo consiguieron unos pocos alumnos en todos aquellos años. Todos querían ser fuertes y estimados por Raschimura.

También era un maestro generoso. Era capaz de sorprender a sus seguidores con regalos inesperados. Desde que se había unido al grupo del maestro Raschimura, Albert Martín había hecho en dos años el equivalente a prácticamente una carrera entera de guitarra clásica en el Conservatorio. El chico estaba obsesionado con la música. Practicaba día y noche, no se separaba nunca de su instrumento. Entonces Pedro le dijo que estaba descuidando la técnica, y que la estaba descuidando justamente por aquel placer febril que encontraba en la guitarra. Tenía que aprender a librarse de sus impulsos. Su problema era, le dijo, que disfrutaba demasiado tocando. A continuación, le ordenó que dejara de tocar la guitarra durante un tiempo.

—¿Cuánto tiempo? —le preguntó Albert, pensando que Pedro le respondería dos semanas o un mes.

Raschimura le dijo que tenía que estarse un año entero.

—Coge otro instrumento —le dijo—. Verás el beneficio que sacas.

Albert le obedeció. Empezó a tocar la flauta, y con el paso de los meses consiguió convertirse en un muy buen flautista. Toda la energía que había dedicado antes a la guitarra ahora la invertía en la flauta travesera, claro que la flauta que tenía era muy sencilla. Pedro, satisfecho con el trabajo que había hecho con el chico y con sus progresos, apareció un día con una sorpresa para él: una flauta Muramatsu de plata.

Los alumnos iban y venían de la escuela. Algunos no soportaban la dura disciplina y acababan volviendo con los padres o con la mujer o el marido. Pero poco a poco se iba perfilando un círculo de discípulos cada vez más estrecho, cada vez más íntimo, cada vez más compacto. Es un fenómeno relacionado, me parece, con lo que los psicólogos llaman la disonancia cognitiva, que es la tensión o falta de armonía interna que sufre una persona cuando mantiene un comportamiento que entra en conflicto con sus creencias. Cuando la gente pasa por experiencias de dolor o vergüenza para unirse a un grupo —pensad en las novatadas universitarias, por ejemplo—, experimenta una gran disonancia. Al fin y al cabo, ellos no escogerían habitualmente pasar por aquello, pero aun así hacen esa elección. ¿Cómo resuelven esta disonancia? Pues justamente inflando la importancia del grupo y su implicación en él. Cuando inviertes mucho en algo —cuando entregas todo al maestro: tu tiempo, tu cuerpo, tu esfuerzo, tus ahorros— automáticamente le otorgas un gran valor. Este efecto sucede de manera mecánica, con un procesamiento cognitivo mínimo, sin que seamos conscientes de ello. Nuestro cerebro no puede aceptar así sin más que hayamos sacrificado una parte sustancial de nuestra vida a un proyecto inútil o que hayamos sufrido dolor y vergüenza por nada. Y, naturalmente, cuantas más cosas sacrificas al grupo o al maestro, más importancia le otorgas.

Para que nos hagamos una idea de cómo funcionaba el ingreso de nuevos discípulos: un día de 1978, Raschimura anunció a un grupo de estudiantes de su dojo —chicos y chicas que aún no formaban parte de su núcleo de seguidores, y que simplemente se habían apuntado a hacer un curso de yoga— que comenzaba una nueva fase en su aprendizaje y que, si querían seguir adelante, tenían que demostrar que estaban comprometidos a seguirle. La manera de demostrarlo era, primero de todo, reunir cien mil pesetas y entregarlas a la causa. Quedaron unas quince personas. Raschimura les ordenó entonces construir una gran cruz de madera. Durante los días que siguieron, los quince alumnos pasaron por una serie de pruebas durísimas, a veces humillantes. Apenas pudieron comer un poco de arroz y pan. Tenían que dormir a la intemperie, prácticamente desnudos —era a mediados de octubre—, y tenían prohibido hablar con nadie. Al quinto día, finalmente, Raschimura les reveló que no era solo un hombre, que era un servidor de Dios, que había llegado al séptimo estado y que ellos, ahora, únicamente tenían dos opciones: o seguirlo para siempre o crucificarlo. José Soria explica en *El poder de las sectas* que un chico, presa de la histeria, intentó poner fin a su vida clavándose un cuchillo. Seis de los quince estudiantes se integraron en el corazón de la pequeña comunidad.

*

Entre aquel círculo de discípulos fieles que se fue constituyendo en esos primeros años había una mujer llamada Paloma Lago Jaraiz. Era hija de Pilar Jaraiz, la «sobrina roja de Franco» y, por lo tanto, nieta de Pilar Franco, hermanísima del dictador y autora del polémico libro de 1980 *Nosotros, los Franco*. Había nacido en 1939, un año después que Pedro Vivancos. Era una chica muy guapa. Había sido una niña normal y corriente, no muy estudiosa, pero juguetona y con muchas amigas. Al igual que Pedro, empezó estudios de Peritaje Mercantil, pero se casó muy joven, con solo veintidós años, y enseguida tuvo a su primera hija, que, como ella, se llamó Paloma. De este matrimonio, que no duró mucho, nacieron dos hijos más, Rafael y María.

Después de divorciarse de su marido, como sucede a menudo, Paloma se entregó a una vida de excesos. Cuando conoció a Pedro, quedó profundamente enamorada. Él le enseñó a ver la vida de otra manera y a deshacerse de las necesidades materiales. Un día, en el jardín de su chalet, Pedro y Paloma amontonaron todos los abrigos y vestidos de la chica e hicieron con ellos una hoguera.

Paloma continuaría con Pedro toda la vida. Ella fue la primera y la más importante de las siete preferidas, o —como las solían llamar los otros miembros del grupo— las madres:

las siete mujeres que acompañaron durante toda su vida a Raschimura y que le dieron su extensa progenie. En nuestra época, que un hombre conviva a la vez con siete mujeres es, como mínimo, una excentricidad; pero en aquellos tiempos era un escándalo absoluto. Ella era una chica ingenua, optimista, una hippy de la cabeza a los pies. Pedro Vivancos le debía de hablar del sentido inescrutable del universo, de Cristo y de Buda, del propósito último de la existencia y de la fuerza sanadora de la pura voluntad. Paloma Lago, que tenía un buen patrimonio, puso su dinero al servicio de los proyectos de Pedro Vivancos, y fue gracias a ello que pudieron abrir una guardería y después la clínica en Sant Cugat y el centro de medicina natural en Barcelona. La casa donde al principio vivían Pedro y sus discípulos, y que luego se reconvirtió en la clínica, era, de hecho, una de las propiedades de Paloma.

En una entrevista del año 1985 que Eugenio Landa le hizo a la madre de Paloma, la señora Pilar Jaraiz, para la revista *Destino*, se lee:

> Uno de sus hijos, Paloma Lago, se ha convertido en su gran dolor. Convive desde hace más de diez años con Pedro Vivancos, dudoso santón de una dudosa secta. Doña Pilar —una mujer afable, que apenas sonríe— se ha puesto triste. Me habla de Paloma. Dice: «Le han borrado el cerebro. Ve en él a un dios. Todo lo que hace o dice él va a misa. La tiene embobada. ¿Que si nos vemos? No. Él se lo impide. Como madre, he tratado de solucionar el problema, especialmente a través de otro de mis hijos, Antonio, que reside en Madrid. Pero, hasta la fecha, todo ha sido inútil».

Al principio, durante un tiempo, el sexo estuvo prohibido dentro del grupo, pero luego eso cambió. De todas formas, la doctrina sexual de Raschimura siempre dictó que toda relación sexual debía tener como único propósito dar hijos. Cuando hablaba de sexo, Pedro hablaba de semillas y de fecundar. Explicaba a sus discípulos que, a consecuencia de la aparición de técnicas como la reproducción in vitro, los genitales dejarían de utilizarse y con el tiempo se atrofiarían, y que algún día la distinción entre hombres y mujeres se borraría para siempre. Él se acostaba indistintamente con sus siete preferidas. El sexo siempre fue para Pedro Vivancos una especie de obsesión, una pulsión contra la que quizá intentó luchar, pero que nunca logró someter completamente. Presumía de ser un gran conquistador, y más de una vez había dicho —por más que fuera en tono de broma— que no comprendía cómo era posible que algunas mujeres se fueran a la cama con otros hombres que no fueran él. Los otros miembros de la comunidad solo podían mantener relaciones sexuales bajo su autorización, y siempre con fines reproductivos. Raschimura conducía a la pareja en cuestión a la sala de rituales. Él llevaba flores y una vela encendida, que representaba el fuego; ella llevaba tierra y agua. El acto sexual duraba el mínimo de tiempo posible, y Raschimura siempre estaba presente durante el coito.

Del vientre de Paloma Lago nació, en 1975, Gimena, y en 1976, Elías, cuarto y quinto hijos de Pedro Vivancos y los primeros de Raschimura. Cuatro años más tarde, nació Josuá. Aquello era solo el principio. Pedro parecía dispuesto a po-

51

blar el mundo de pequeños Vivancos, de extender su semilla hasta donde pudiera.

La segunda de las siete madres era María Rosa Soler, nacida en 1949. Era licenciada en Biología. La chica había ido a parar a la escuela de Sant Cugat a principios de los setenta, animada por su hermano, que se había apuntado a hacer un curso de artes marciales, y que más tarde, incapaz de alejarla de aquel mundo, se lo reprocharía toda la vida.

La tercera y cuarta de las madres eran dos hermanas: Ángeles y Montserrat Prunés Rufat. Habían entrado a formar parte del grupo en 1975, cuando tenían dieciséis y catorce años, respectivamente. Cinco años más tarde ya le habían dado al maestro dos hijos la primera y uno la segunda.

La quinta de las siete madres era María Hernández Ruiz, nacida en 1962 y que se había incorporado al grupo a los quince.

La sexta era María Dolores Sayos Teruel, nacida en 1959 y que también se integró en el grupo a los quince, cuando se apuntó a la escuela de Pedro Vivancos para aprender danza.

La séptima, finalmente, no era otra que Paloma León Lago, la hija mayor de Paloma Lago. En efecto: la hija mayor de Paloma Lago también acabó formando parte de las favoritas de Raschimura.

Es decir, que, entre las siete mujeres, había dos hermanas y una madre y una hija. Algunos niños eran entre sí hermanos y primos, o hermanos y tíos a la vez. Pero ellos habían decidido que no se regirían por las normas morales o los prejuicios de la sociedad occidental. La mayoría de los nombres que les pusieron tienen evidentes resonancias bíblicas: Judah, Cristo, Israel, Aaron, Salomé. En el año 1983 —apenas una década después del viaje de Pedro a Japón, y el año en el que el caso saltó a la prensa—, había dieciocho hijos de Raschimura viviendo en el corazón de aquella peculiar comunidad, además de otros tres niños, hijos de otros miembros. Había en total cerca de una treintena de adultos.

No todos los hijos de Pedro llevaban su apellido. Algunos habían sido inscritos en el Registro Civil como hijos de otros miembros del grupo, que, siguiendo las directrices del maestro, declararon legalmente su paternidad. La primera hija de María Rosa, por ejemplo, llevaba el apellido Segura. Raschimura también ordenaba a los discípulos inscribir a sus propios hijos a nombre de un padre diferente del real. Había varios motivos detrás de este juego de apellidos. El más obvio era el de liberar al falso padre del servicio militar, pero aquel tejido de falsas y auténticas paternidades le servía a Raschimura para estrechar aún más los lazos del grupo. El grupo tenía que ser una sola familia, donde todos fueran padres de todos, sin distinciones. Incluso inscribieron en el Registro Civil a una niña inexistente, engañando a un médico y haciéndole creer que se había perdido un certificado anterior, una niña llamada Elena Gómez Sánchez. Así, en caso de necesitarla más tarde, podían utilizar aquella falsa identidad para cualquier chica que tuviera una edad parecida.

*

Había una mujer, llamada Carmen Cenzano, natural de Santander, que en el año 1979 había abandonado a su marido y se había acabado integrando en el grupo de Raschimura. Allí había tenido un hijo con otro miembro de la comunidad. No se sabe exactamente lo que pasó, pero el caso es que, en algún momento, la chica tuvo una riña con Raschimura, que la acusó de falta de espíritu de cooperación; decía que no tenía preparación espiritual para educar al pequeño. Joaquim Roglan explica en *El Periódico* que la expulsaron del grupo, obligándola a separarse del niño.

La mujer intentó varias veces recuperar al niño, o ser aceptada de nuevo en la comunidad. Pero no lo consiguió. El 4 de enero de 1982, cuando tenía treinta y tres años, Carmen Cenzano viajó a Zaragoza para visitar a su madre. Después cogió un tren en dirección a Madrid, bajó en la estación de Matillas, en la provincia de Guadalajara, esperó a la llegada del siguiente tren y se arrojó a la vía.

3. Raschimura, S. A.

Mercè Cardona nació el 26 de agosto de 1929. Vivía en el barrio de Sant Andreu, en una calle sin asfaltar que cuando llovía quedaba enfangada y llena de charcos. Su madre trabajaba en las hilaturas de la Fabra i Coats. El padre era poeta y profesor y socio del Ateneo Barcelonés.

En el año 1931, cuando solo tenía dos años, Mercè sufrió fiebres muy altas. Aquel día el doctor se encontraba indispuesto y envió a su ayudante, que dijo a la familia que no se preocuparan, que no debía de ser nada, y que la niña enseguida se recuperaría. A los tres días, sin embargo, Mercè seguía con fiebre alta. Había cogido la polio, y cuando lo descubrieron ya era demasiado tarde. En aquellos tiempos todavía no había vacuna, y las secuelas de la enfermedad marcarían el resto de su vida.

No mucho después, su padre se enredó con otra mujer y abandonó a la familia, y ella y su madre se marcharon a vivir a casa de sus abuelos y sus tíos.

Vivían en una casa antigua. Tenían un patio con una gran parra, una mesa redonda de hierro pintada de verde y muchas macetas con flores. Uno de los días preferidos de Mercè era el de la Castañada. Durante todo el año, su abuelo recogía los sarmientos de las viñas que había al final de la calle, y, al llegar el día señalado, preparaba una hoguera en medio del patio, y todos se reunían alrededor para ver cómo se tostaban las castañas.

Entonces estalló la guerra. Pasaban mucha hambre. La madre para comer hacía patatas y para cenar, las pieles, adornadas vete a saber con qué. El pan era como un tesoro, lo guardaban para el final, lo pasaban varias veces por el plato, lo apuraban todo, no dejaban ni una migaja.

Mercè siempre tuvo grandes dificultades para andar. Hasta los dieciocho años tuvo que someterse a siete operaciones. La última fue en la cadera. Duró tantas horas que le tuvieron que hacer una transfusión de sangre. Todo aquello le causaba intensos sufrimientos; se compadecía de sí misma, se sentía amargada porque no podía hacer lo que hacían las otras chicas de su edad.

Siempre se había sentido infeliz. Se casó, pero enseguida se dio cuenta de que su marido era un hombre inmaduro y un mentiroso compulsivo y que no lo soportaba. Antes de separarse tuvieron dos hijos, que eran su única alegría. Cuando los niños eran pequeños ella todavía caminaba, pero le dolía mucho la espalda, y salir con ellos a pasear acababa convirtiéndose en un calvario. En aquellos momentos solo podía pensar en volver a casa y echarse en la cama.

A mediados de los setenta, Mercè comenzó a sufrir unos dolores muy intensos en el vientre, peores que los dolores que había sentido durante el parto de sus hijos. En Urgencias le dijeron que tenía tres piedras en el riñón, pero que, desgraciadamente, no se podían operar.

Mercè no sabía qué hacer. La única manera de calmar el dolor era meterse en la bañera con agua muy caliente, pero no duraba mucho. Tenía la sensación de que los riñones se le partían. Al final, sin saber qué otra cosa hacer, cogió la chaqueta, salió de casa y fue a pedir ayuda a la única persona que aseguraba que la podía curar.

*

La clínica de Raschimura estaba en Sant Cugat, aunque entonces el grupo tenía también consultorios en Barcelona, Mollerussa, Mataró e incluso en Madrid (en el número 5 de la calle Alvarado) y Pamplona. Más que una clínica, se trataba de una residencia para la recuperación y el descanso. Tenía capacidad para unas diez personas, y la dirigían un tal José Ángel Roncero, de veintisiete años, que se hacía pasar por médico, pero que en realidad era maestro de EGB, e Isabel Sánchez Reynaud, licenciada en Historia por la Universidad de Montpellier y cinturón negro de taekwondo. Alejandro Robles Castro, un médico nacido en Perú y en aquellos momentos funcionario del Ayuntamiento de Barcelona, era el encargado de firmar los certificados médicos que el grupo necesitaba. Pero todo esto (las falsas titulaciones, los certificados ilegales) no saldría a la luz hasta más tarde. Lo único que sabía Mercè en aquellos momentos era que una mujer que pesaba ciento cincuenta kilos y que tenía un cáncer en el hígado, estuvo allí un mes, se adelgazó radicalmente y el cáncer desapareció. Había oído decir que solo eras aceptado con muchas reservas, y que los internos pagaban unas tres mil pesetas al día, aunque había abonos que habían llegado casi al medio millón. Raschimura se había convertido en una especie de santo o de místico, y su fama —se decía de él que podía curar todo tipo de enfermedades con sus métodos radicales— se había extendido por buena parte del territorio. Entre sus clientes se contaban algunos famosos, como Merry Martínez-Bordiú o Amaya, del grupo musical Mocedades, según se explica en *El Periódico*.

La clínica era un chalet reconvertido que Paloma Lago —la primera de las madres, la nieta de Pilar Franco— tenía en la calle Pérez Moya de Sant Cugat. Un muro de piedra y una reja de unos dos metros de altura rodeaba el recinto. La finca tenía un jardín muy amplio. Colgada en una pared del vestíbulo, había una fotografía de Pedro Vivancos.

Antes de abrir la clínica, Raschimura había probado dirigir una guardería, pero el proyecto había acabado siendo un fracaso. La guardería se llamaba Centro Especial de Socorro Infantil, y estaba situada en otra de las propiedades de Paloma Lago. Pretendía ser un centro «modélico» para los más pequeños. Pedro creía que los niños tenían que crecer fuertes, libres de las debilidades y del falso dualismo que nos impone la cultura. Algunos periódicos hablarían después de niños desatendidos que vagaban desnudos y que se comían sus propios excrementos. Un buen día, los padres decidieron convocar una asamblea para protestar, ya fuera por las condiciones en las que se encontraban los niños o por la vida escandalosa del director. Raschimura apareció en la reunión con la cabeza afeitada, vestido de negro y con una espada de samurái en la mano izquierda a medio desenvainar. Permaneció así, sentado con el arma medio abierta, escuchando en silencio las quejas de los padres y las madres, desenvainando lentamente la catana.

«Me hablaron de la falta de papel en el váter, de los niños descalzos —explica Raschimura en la entrevista de *El País*—. Cerré la espada. "Señores, esto es un circo", exclamé».

Al día siguiente, cerró la guardería, y poco después abrieron la clínica.

Al principio no cobraba nada. La clínica ni siquiera era una clínica, era el lugar donde vivían Pedro y sus discípulos. Habían construido un dojo de madera en el gran jardín de la finca, y Pedro había trasladado allí su escuela de música, danza y artes marciales. A veces alguien se quejaba de que le dolían las articulaciones o la espalda, y Pedro le daba un masaje o le ofrecía una sesión de acupuntura. No pedía dinero. Dejaba una caja de zapatos vacía con una ranura al lado de la entrada, para que cada uno dejara la voluntad. Alguien le podía dar unas naranjas, un plato preparado…

Pero al cabo de poco tiempo la voz empezó a correr por Sant Cugat. Las dietas purificadoras y la detoxificación radical a las que Pedro sometía a sus pacientes produjeron innumerables remisiones. Se decía que allí se producían milagros, o casi: había curaciones hepáticas, renales, de artrosis, también de cáncer. Había un caso que todo el mundo comentaba: el de una mujer con esclerosis múltiple, que iba en silla de ruedas, que fue a verle y al cabo de unas cuantas sesiones se puso a caminar como si nada. En la pequeña ciudad o pueblo —Sant Cugat no se ganó el título de ciudad hasta 1977— empezaban a conocerlo como el Maestro, y gente de todas partes acudía cada sábado a la residencia para verlo, para pedirle favores. Los fines de semana se formaban largas colas para visitarlo.

Los beneficios enseguida comenzaron a dispararse. El grupo inauguró un consultorio en la calle Balmes, muy cerca de la Clínica del Pilar (el Instituto Médico de Acupuntura, Yoga, Alimentación, Artes Marciales y Meditación o IMAYAM) y abrió los consultorios en Mollerussa, Mataró, Pamplona y Madrid. Las clases de Pedro, antes abiertas a todo el mundo, se habían vuelto selectas. El gran maestro impartía cursillos sobre yoga o filosofía oriental que duraban una semana y que podían costar cincuenta mil pesetas. En 1975 abrieron un restaurante en Valldoreix, un frankfurt en Sant Cugat y el restaurante macrobiótico El Duende, en la calle Rosselló de Barcelona, en un local que estaba a nombre de Albert Martín, que entonces se había ganado el alias Sri-Suryakanan. En 1976 el grupo de Raschimura comenzó a fabricar sus propios alimentos macrobióticos para sus pacientes y restaurantes, en un taller en el gimnasio, al principio, y más tarde en la calle Córcega 239, y poco después instalaron la primera tienda de macrobiótica (con consulta incluida) en Sabadell. Montaron una fábrica de tofu y miso en una nave de Sant Cugat, y en el año 1978 ponían en marcha una fábrica de productos macrobióticos en la calle Santa Eulàlia de L'Hospitalet de Llobregat, que se convirtió en la primera empresa del sector en España. Al final, el grupo tenía varias empresas y sociedades registradas: Raschimura, S. A., Misoyama, S. A., Horus, S. A. o la cooperativa Corsa. En abril de 1983, cuando el caso irrumpió en las portadas de *El Periódico*, acababan de adquirir una antigua escuela en Reus donde tenían previsto abrir una residencia para la tercera edad.

Todo este tejido de empresas y negocios y los abundantes ingresos que generaban había permitido al grupo adquirir algunas casas y terrenos, que Raschimura había puesto a nombre de sus mujeres y de sus discípulos (él nunca tuvo nada en propiedad). Adquirieron una finca de sesenta hectáreas en El Perelló, una casa en Reus ciudad, cuatro pisos en Rubí, que tenían en alquiler, tres fincas en el despoblado La Mussara y una finca en Matadepera. En 1975 compraron una finca en Castellar del Vallès, y en 1977, una masía con cuatro hectáreas a cinco kilómetros de Vila-seca en dirección Cambrils, en la provincia de Tarragona.

La masía de Vila-seca se llamaba el Mas Blanc, y el grupo se había encargado de restaurarla completamente, habían arrancado todos los árboles a mano y habían plantado cipreses, y construyeron una piscina que les costó seis millones de pesetas. Las tinajas de barro, las palmeras bajas, las altas paredes pintadas de blanco conferían al lugar una apariencia encantadora, como si fuera el emplazamiento de una civilización futura. Allí era donde vivía habitualmente la familia: las siete madres, algunos discípulos predilectos (en total eran una veintena de adultos) y los —entonces— dieciocho hijos de Pedro Vivancos.

Vivían en un entorno naturista: los niños corrían desnudos y libres de un lado a otro, con las cabezas afeitadas. No estaban vacunados, y no estaba permitida la visita de médicos profesionales. Las madres vestían largas túnicas. Comían arroz, huevos. No necesitaban mucho más, y con lo que tenían eran felices.

A pesar de haberse convertido en aquella extraña figura mística, Pedro continuaba siendo un tipo divertido y espontáneo. Una vez estaba enseñando a los niños a tirarse de cabeza a la piscina. Él se había colocado justo al borde de la piscina, como si fuera a saltar, y les enseñaba cómo colocar los pies y la espalda. De repente, mientras todos los niños lo miraban atentamente, Raschimura se lanzó por sorpresa al agua, vestido de arriba abajo, con el reloj y todo. Todos estallaron en carcajadas.

Pedro Vivancos, sus mujeres y sus discípulos habían conseguido, dentro de lo posible, escapar de las miserias de nuestro mundo, de las obligaciones, las preocupaciones y las frustraciones que acompañan la vida del hombre común. Ellos eran su propio país. Habían creado sus reglas, sus leyes, habían fijado sus objetivos en la vida, y además, por si esto no fuera suficiente, habían descubierto cómo sacar provecho del mundo de los hombres —«el mundo par» o «los dualistas», como los llamaban— y sacarles el dinero. Y lo cierto es que lo hacían la mar de bien.

Mercè Cardona ingresó en la clínica para quince días. De su estancia allí le quedaría el recuerdo del sabor agridulce de la cebolla, el ambiente místico bañado en silencio, los paseos por el jardín, las clases de yoga, las tardes interminables delante del televisor. Aparte del «doctor» Roncero y del propio Vivancos, que solo aparecía esporádicamente, trabajaban en la clínica algunos de sus discípulos —una chica que había estudiado ATS y algunos estudiantes de Medicina de la universidad, que llevaban la cabeza rapada.

El primer día tuvieron a Mercè en ayuno absoluto. El segundo día se le permitió beber algunas tisanas, hechas a partir de la combinación de hierbas desconocidas y amargas.

Ese mismo día, Mercè comenzó a orinar una especie de barro. El «doctor» Roncero le dijo que eran las piedras del riñón, que se deshacían.

Mercè empezó a adelgazar a un ritmo alarmante. Cada día se sentía más débil. Por las tardes, venían a visitarla sus hijos, la madre, su amante. Ella hacía un gran esfuerzo para hablar con ellos, pero los veía como dentro de una nube. Sentía una especie de vacuidad dentro de ella, y en más de una ocasión pensó en plantarse, pero al principio no se atrevió a poner fin al tratamiento. Los pacientes que pretendían acabar con su estancia al segundo o tercer día en la clínica eran sometidos a acusaciones y presiones psicológicas intensas por parte de los médicos, del «doctor» Roncero y de Raschimura en persona. En algún lugar se dice que una noche, uno de los pacientes escapó de su habitación, saltó al jardín y comenzó a correr hacia la valla que separaba la finca de la calle, pero a medio camino fue reducido por Pedro Vivancos, que lo hizo caer al suelo aplicándole una contundente llave de judo.

A los pacientes se les retiraban todos los calmantes. Los asmáticos habían tenido que deshacerse de sus inhaladores. Raschimura decía que todos aquellos complementos y paliativos solo servían para volverlos más débiles, que su enfermedad era síntoma de una debilidad del espíritu y que la forma de vida que él imponía y enseñaba los curaría y los mantendría alejados de cualquier patología futura.

Para Pedro Vivancos, la enfermedad no era una fatalidad azarosa; no enfermabas porque hubieras inhalado casualmente los agentes infecciosos que alguien había estornudado o porque algunas bacterias se hubieran adherido arbitrariamente a tus manos y hubieran pasado a tus ojos o a tu boca, y de allí al interior del organismo. Enfermabas porque eras débil, y eras débil porque habías aprendido a ser débil, porque te habían educado para ser débil. La diabetes, la esclerosis múltiple o el cáncer eran consecuencia de los desequilibrios espirituales de la persona que los padecía. Si querían sanar, los pacientes tenían que aprender a ver la vida de otra manera. De hecho, Raschimura podía llegar a afirmar con rotundidad que todas las enfermedades eran psicosomáticas, y que una persona feliz, sabia y fuerte no enfermaba nunca.

A lo largo de los últimos años, Pedro había cultivado un interés creciente en la medicina tradicional china y el mundo de la alimentación macrobiótica. En contraste con las dietas

64

con base preponderantemente animal o las que son estrictamente vegetarianas, Pedro Vivancos defendía una nutrición basada sobre todo en los cereales, con una parte importante vegetal y una cierta flexibilidad hacia determinados productos animales. Eso sí: los cereales debían comerse con su piel o cáscara, que, según él mismo explicaba, servían en el organismo como estimulante de la función intestinal y contenían importantes complementos vitamínicos. La costumbre de refinar o pulir los cereales debía ser, por tanto, abandonada.

Una parte importante de la filosofía alimentaria de Raschimura era que los alimentos debían ser tan naturales como fuera posible. Debía prescindirse siempre que se pudiera del uso de cualquier sustancia química, de colorantes, conservantes, de pesticidas o herbicidas. Pero, por encima de todo, lo que proponía Pedro Vivancos, el primer paso hacia una dieta verdaderamente saludable, era entender que la alimentación debía ser austera. La alimentación excesiva era, según afirmaba, una fuente de enfermedades en los países industrializados, así como una muestra de la debilidad y el egoísmo de los seres humanos. La alimentación debía tener como principio absoluto la sobriedad. La alimentación no debe basarse en lo que comemos, sino en lo que necesitamos comer, y lo que necesitamos comer —dice Raschimura— está en relación directa con nuestra manera de participar en la existencia. Cuanto más egoísta es una persona, más demandante será en la alimentación.

«Nunca el hombre come lo que necesita —dice Pedro Vivancos—. Siempre se excede en su necesidad y acaba necesitando lo que come».

En la clínica, como en la escuela, su figura se elevaba por encima de todos. Todo el mundo allí dependía de él. Pedro era quien decidía a qué hora se levantaba todo el mundo, qué comía o no ese día, era él quien decía —o dictaba a través del «doctor» Roncero o alguno de sus sadacas— qué se tenía que hacer y no hacer en cada momento. Su poder allí era palpable y personal, era un poder que podías sentir cerca de ti, como una sombra que te acompañara todo el día.

Un día, mientras Mercè estaba allí, ingresó en la clínica un joven que iba en silla de ruedas. Mercè había estado paseando por el jardín y fue a sentarse justo debajo de la ventana de la habitación del chico. De pronto, oyó la voz de Raschimura, que le gritaba:

—¡Eres una mierda! ¡Eres un gusano asqueroso que se arrastra por este mundo sin hacer nada! ¡Ahora mismo te pondrás de pie y caminarás dando una vuelta por el jardín!

Mercè no entendió nunca qué pasó, y tampoco sabía exactamente qué tipo de invalidez tenía aquel joven. Pero aquella tarde lo vio caminar sin ninguna dificultad dando la vuelta al jardín.

*

Hay muchos matices en esta historia, y algunos de ellos pueden ser difíciles de entender. Pedro Vivancos era muchas cosas, pero tras todas ellas continuaba estando aquel chico despierto que se había abierto paso desde el Distrito Quinto. Detrás de aquella coraza mística seguía escondido el pincho que se había criado en un tablao de los barrios bajos. Era Raschimura y al mismo tiempo era Pedro Vivancos, el espabilado bailarín del Raval. Siempre fue ambas cosas a la vez, y no a escondidas: esos dos perfiles convivían con naturalidad y a la vista de todos.

Hay una anécdota que lo retrata muy bien: Justo después de volver de su viaje a Japón, en 1973, Pedro Vivancos —como ya se ha explicado— reunió a sus discípulos en el gimnasio y les soltó un sermón trascendental: les anunció que se había convertido en Raschimura, y les explicó que a partir de entonces llevaría una dieta estricta, haría largos ayunos, no bebería alcohol ni mantendría relaciones sexuales, etcétera. Al día siguiente, sin embargo, uno de esos chicos que lo escuchaba embobado entró en un bar de Sant Cugat para tomar un café y se lo encontró sentado tranquilamente en la barra, bebiéndose un carajillo. Lejos de verse descubierto, Pedro agarró al muchacho por el hombro y aprovechó la situación para afianzar su fidelidad. Le dijo, con un tono de confianza, que todo lo que había soltado el día anterior sobre la austeridad lo tenía que saber interpretar, que él era un chaval bastante listo —más listo que el resto de sus discípulos— y que podía entender que Raschimura estaba por encima de todo aquello.

Pedro Vivancos siempre mantuvo aquella doble cara, y lo cierto es que detrás del imperio empresarial que levantó durante la década de los setenta había mucho engaño y mucho oportunismo, como se descubriría más tarde, cuando los periódicos empezaron a sacar a la luz todos los trapos sucios del grupo. Parece ser que, en una ocasión, habían llegado a enterrar un coche, un Renault 5, propiedad de un tal Federico Milón, con el fin de cobrar el seguro por robo. Lo enterraron allí mismo, en la clínica de Sant Cugat, en un claro entre los pinos del jardín, frente a un pozo. Habían robado de todo: equipos de vídeo, ropa cara y cámaras fotográficas, habían robado en el Comercial Salvador Batlle de Reus y en El Corte Inglés de Barcelona y en el Carrefour de Castelldefels, habían robado incluso dos motos de alta cilindrada en un concesionario de Barcelona. Había un evidente cinismo en todo aquello, pero aun así ellos no eran cínicos, o no lo eran de una manera consciente o deliberada, y, de hecho, no solían quedarse con lo que robaban. No robaban para acumular riquezas, no tenían prácticamente ninguna necesidad material. Hacían una defensa a ultranza de la austeridad como forma de vida, vivían con lo mínimo. Robaban, simplemente, porque se lo ordenaba el maestro, y Pedro Vivancos se lo ordenaba porque quería que de aquello sacaran una enseñanza. Quería que sus discípulos transgredieran la ley, que sintieran lo que se siente al cometer un delito, que se liberaran de los escrúpulos que les había impuesto la sociedad y se convirtieran en los legisladores de su propia moral.

El Ayuntamiento de Vila-seca había tenido un montón de conflictos con ellos. El alcalde en persona, Joan Clavé, había llegado al punto de amenazarles con derribar la casa. Los problemas habían empezado en 1980, cuando el Ayuntamiento les incoó un expediente de infracción urbanística por unas obras sin licencia municipal, y posteriormente también por la construcción de la piscina, que tiraron adelante sin pedir ningún tipo de permiso. Las relaciones entre el Ayuntamiento y la comunidad fueron siempre muy tensas, entre otras cosas porque hablaban idiomas diferentes: los seguidores de Raschimura no alegaban razones formales o legales, sino que planteaban argumentos morales o apelaban a una alta investigación en sus demandas. Paloma Lago Jaraiz, que figuraba como responsable del grupo y propietaria de la finca, se personó varias veces en el Ayuntamiento con un tono insultante —en palabras del propio alcalde—, y posteriormente les dirigió un escrito, completamente ofensivo, en el que tachaba a todo el mundo de fascistas y donde decía que el Consistorio no era capaz de entender el interés social y humano de la obra de Raschimura, que había de transformar la vida de la humanidad. A través de informes existentes de la Guardia Municipal y de los agricultores vecinos, el Ayuntamiento formuló una información verbal al Gobierno Civil, y posteriormente dirigió un escrito a la primera autoridad provincial, alertando de la existencia, en el término municipal de Vila-seca-Salou, de una comunidad que llevaba una vida «fuera de la normal».

Oficialmente, según los registros, la finca del Mas Blanc era la sede de la cooperativa Corsa, inscrita en Reus en el año 1981 y supuestamente dedicada —según la documentación disponible— a la edificación y el conocimiento de la vida subacuática, el estudio del plancton y de las variantes de algas que se generan en las corrientes de agua caliente y de agua fría, las propiedades alimentarias y curativas de la arcilla y los sedimentos del fondo del mar, el estudio de los hidrocultivos y la construcción de refugios submarinos antinucleares.

En abril de 1980, las galletas de pasas de la marca Raschimura —cien por cien macrobióticas, supuestamente— fueron protagonistas de una curiosa noticia en *El Periódico*. Un cliente que había adquirido un paquete en el establecimiento Zen Alimentos, en la calle Muntaner, dio una dentellada a la primera galleta y sus dientes chocaron contra el metal de un clavo afilado. Pero esta era solo la primera de las noticias —y una noticia anecdótica, en cualquier caso— sobre la calidad de los productos Raschimura. Cuando el caso saltó a la prensa, pocos años después, y se empezaron a conocer los detalles del funcionamiento de todas aquellas empresas, todo se desmoronó.

Nada era lo que parecía. Las tiendas de Barcelona, Sabadell y L'Hospitalet vendían a altos precios verduras y frutas pretendidamente macrobióticas, exentas de productos químicos, pesticidas, colorantes y conservantes. Uno de los platos estrella del restaurante El Duende era la macedonia de verduras, libre de procesamientos y respetuosa con el principio filosófico de equilibrio del yin y el yang. Pedro Vivancos había incluso escrito un opúsculo sobre la materia, titulado «Macrobiótica es Raschimura» (1979), una guía sobre dulces y galletas integrales y un recetario. Pero la realidad era que estas frutas y verduras las recogían los sadacas de los desechos de Mercabarna, el principal mercado mayorista de alimentos frescos de Barcelona, situado en la Zona Franca, y de los vertederos del Mercado del Born. Era lo que había sobrado del día. Recogían lo que podían, llevaban la colecta en una furgoneta Ebro hasta la masía de Reus, y una vez allí limpiaban y cortaban las verduras, las metían en cajas de madera o de plástico con el símbolo de Raschimura y las cargaban en un gran camión con el anagrama de la sociedad Horus y la leyenda Raschimura, S. A. en la lona, que se encargaba de distribuirlas en los diferentes establecimientos que la comunidad tenía desperdigados por el país, donde las vendían tres veces más caras que en cualquier otro sitio. Cuando alguien les señalaba que las frutas tenían mal aspecto, ellos respondían que era porque se habían cultivado sin abonos ni fertilizantes.

Y esto era solo la punta del iceberg. El pan integral y los cruasanes que se fabricaban en el almacén de L'Hospitalet estaban hechos con grasa de cerdo líquido que compraban a Hispano Química, en la Zona Franca. La sal integral era sal normal y corriente molida y tostada. Metían en los alimentos todo tipo de productos colorantes y estabilizadores en cantidades superiores a las legales. Compraban piensos animales a la empresa Codina, los empaquetaban y los vendían después como alimento dietético.

No hace falta decir que nunca tuvieron un registro de sanidad.

*

Mercè llevaba algunos días en la clínica. Se había adelgazado mucho y se sentía extremadamente débil. A la hora de comer, de repente, sintió un intenso vacío dentro de ella y salió tambaleándose al jardín. Al pasar por delante de Raschimura, él le dijo:

—¿Qué tienes?

Mercè siguió caminando. Solo quería llegar a su habitación, llegar a la cama y tumbarse. Tenía la sensación de que el cuerpo se le estaba vaciando, como si su alma o su vitalidad se estuviera drenando.

Consiguió llegar hasta la habitación. Cruzó la puerta y se dejó caer como un peso muerto encima de la cama. La vista se le nubló, y vio un túnel, con un gran resplandor en el fondo, y la invadió una sensación muy dulce. Se sentía feliz, pensaba en sus hijos. Sentía que perdía el control de su cuerpo. Ella seguía la luz.

De repente, le cogieron la mano, y oyó una voz que gritaba:

—¡Corred, que se nos va! ¡Traed agua de arroz!

Ella seguía con los ojos cerrados. Se resistía a beber. Lo único que quería era seguir yendo hacia la luz.

*

Durante los días siguientes, poco a poco, se fue recuperando, pero Mercè seguía pensando en aquella sensación tan dulce que la había invadido. Unos días más tarde, Raschimura le dijo:

—Deberías hacer un cursillo, dura una semana. Vale cien mil pesetas.

Mercè le dijo que no disponía de tanto dinero, y él le contestó:

—Pide un préstamo al banco.

Mercè le respondió:

—Tú hablas mucho de Cristo, pero no actúas como Él.

Raschimura le dijo:

—Yo no soy Cristo, pero tú eres una mujer llena de soberbia, y algún día lo pagarás caro.

A partir de aquel día la relación con el maestro no fue igual. Poco después, Mercè decidió que ya había tenido suficiente y que su estancia en aquel lugar había concluido. Todavía se sentía muy débil, pero no podía seguir allí.

A pesar de todo, se sentía agradecida. Se sentía con buenos ánimos. El dolor en los riñones había desaparecido, y lo había hecho para siempre. El milagro, al final, se había materializado. Eso sí que se lo tenía que conceder a Raschimura. La había curado. Y no solo las piedras en los riñones. Mercè se sentía una persona nueva. Hacía muchos años que tenía la nariz taponada, le habían hecho todo tipo de pruebas, pero nunca habían conseguido identificar el problema ni acabar con aquella molestia. Pues —¡milagro!— ahora respiraba bien, y nunca más se le volvería a tapar. Pero, por encima de todo, Mercè salió de allí con otra mentalidad. Ya no volvió a ser aquella persona rígida y amargada. Se sentía libre. Dejó de discutir con su compañero, de quien se acabó separando amigablemente.

Mercè vivió muchos más años, y tuvo una vida plena y feliz, a pesar de tener que pasar gran parte de ella en una silla de ruedas. Nunca olvidaría aquella dulce sensación que sintió cuando avanzaba por el túnel hacia la luz.

4. Camino a un lugar desconocido

En 1978, José Soria tenía diecisiete años y solía acompañar a su hermano, que tenía una discapacidad intelectual, a las sesiones de recuperación en la clínica IMAYAM de la calle Balmes de Barcelona. Allí, José oyó hablar por primera vez del maestro, y conoció a algunos de sus seguidores. Eran chicos y chicas como él, algunos un poco mayores. Eran muy amables con él. Todos parecían fuertes, sanos y con una gran confianza en sí mismos. Le explicaron que seguían una dieta estrictamente macrobiótica, porque «somos lo que comemos». A José le gustaba sobre todo que se trataban como si fueran hermanos. Se notaba que había un vínculo muy fuerte entre ellos. Era como si vivieran en una realidad aparte del mundo. No les preocupaban los convencionalismos sociales, ni tenían los sueños ni los problemas típicos de la gente normal. Hacían lo que querían, lo que les hacía felices.

José Soria, aconsejado por aquellos chicos y chicas, se apuntó a un cursillo de yoga que impartía el maestro. El lugar donde se hacían las clases de yoga era un gran dojo de kárate, con las paredes y el techo de madera, ubicado en medio de un jardín rodeado de sauces, en una casa en las afueras de Sant Cugat. Al llegar, algunos jóvenes vestidos con su keikogi blanco y el cinturón acreditativo del nivel que tenían, descalzos y rapados al cero, indicaron a José y a los demás asistentes que se sentaran en unos colchones dispuestos sobre un inmenso tatami. Al fondo de la sala había un escenario más elevado, con un cojín grande de color negro en el centro.

Los chicos del keikogi se sentaron ordenadamente en riguroso silencio justo detrás del cojín. Al cabo de unos instantes entró Raschimura, descalzo y rapado al cero. Se sentó en la almohada, cruzó las piernas, cerró los ojos y estuvo meditando unos cinco minutos. Después, sin intercambiar ningún saludo ni frase de cortesía, dijo a los asistentes que si habían acudido a la cita era porque tenían que oír lo que había ido a decirles, y que nada pasa por azar.

El hombre le causó a José Soria una fuerte impresión. Era carismático, seguro de sí mismo, tenía una mirada que te penetraba; también era duro y estricto y, cuando quería, infligía una especie de miedo reverente en los demás. Al final, José se acabaría convirtiendo en un miembro más de la comunidad y se iría a vivir con todos ellos a la masía de Vila-seca. Hizo votos de fidelidad, de pobreza, de obediencia y de castidad. Cortó gradualmente todo contacto con sus padres, amigos y conocidos, y aunque nadie se lo exigió, se sintió impelido a deshacerse de todo aquello que poseía, el poco dinero y los objetos que tenía por casa. Nadie se lo pidió, pero parecía que lo más adecuado era darlo todo al maestro.

Primero trabajó en la «fábrica» de productos macrobióticos, donde estuvo seis meses, haciendo jornadas inacabables, recogiendo desechos de Mercabarna, conduciendo de Reus a Barcelona y de Barcelona a Sabadell y de nuevo hacia Reus, limpiando verduras y empaquetando piensos animales para su venta como alimentos alternativos y dietéticos. Después Raschimura lo cambió de lugar y lo puso a trabajar en el restaurante macrobiótico de la calle Rosselló.

En 1980 sucedió algo. Pedro Vivancos se enfadó o se mostró decepcionado con algunos de sus discípulos, incluyendo a José Soria, y los castigó enviándolos de misioneros a Londres. Para ganarse su perdón y poder volver al país los sadacas tenían dos opciones: la primera, que Pedro Vivancos llamaba la «condición de respetado», era cumplir con una serie de requisitos —en concreto: el dominio del inglés, haber conseguido un título «de ingeniero, físico o similar», haber aprendido a nadar correctamente y haber obtenido un cinturón azul de judo—; la segunda opción, la «condición de inútil», era la de reunir cada uno diez millones de pesetas (setenta y cinco mil libras esterlinas), que los discípulos deberían entregarle al maestro en una maleta. Aquellos objetivos, naturalmente, eran inalcanzables. Durante dos meses, los pobres chavales se dedicaron a pedir limosna por las calles de la City y a trabajar de lo que pudieron, de lavaplatos, de camareros, ahorrando hasta el último céntimo mientras malvivían en una casa derruida y se alimentaban básicamente de la leche que robaban en los portales. Regresaron con un total de tres millones y medio de pesetas en conjunto, que Raschimura utilizó para financiar la construcción de la piscina del Mas Blanc.

Después de aquello, José Soria fue liberado de las duras tareas del restaurante macrobiótico, y, por orden expresa de Raschimura, se encargó de cuidar de la masía y de los niños que vivían allí.

Estuvo dos años más en aquel lugar. Todo iba bien. Por entonces —finales de 1982— convivían en la masía unos veinticuatro adultos y una veintena de niños, casi todos hijos de Vivancos, pero había tres que eran hijos de otros miembros de la comunidad. Entre ellos, había una niña que José Soria había tenido con otra chica del grupo, Rosa Pastor. La pareja esperaba además a su segundo hijo. Se lo había ordenado el propio Vivancos: «Debes tener otro hijo», le había dicho. Aunque la normativa sexual y amorosa del grupo era muy estricta, de vez en cuando Raschimura concedía el favor o directamente daba a sus sadacas la orden de aparearse, siempre con la finalidad de procrear.

José y Rosa estaban enamorados, o se amaban. Había surgido entre ellos algo especial, y aquel amor parecía ser tolerado por Raschimura. Pero la niña no podía estar con ellos; no podía estar con su madre, no de la manera en que los niños suelen estar con sus madres. Allí solo había una familia. En el grupo nadie era padre de nadie y todos eran padres de todos, una norma y un rol que a la madre principiante le costaba asumir. Los niños tenían que estar con quien les tocara estar, con quien decidiera el grupo u ordenara Raschimura. Recordemos que Vivancos hacía registrar a los niños como hijos de otros miembros de la comunidad, por lo que la niña no era oficialmente hija de sus padres biológicos.

Y lo que pasó es que un día la niña se puso enferma. Nadie parecía hacer nada por ella. Raschimura no daba permiso para que la llevaran a un centro médico o a un hospital. Los padres estaban preocupados por la pequeña, hablaban a escondidas. Al final se armaron de valor y expusieron sus temores al maestro, pero él se desentendió, les respondió que si la niña estaba enferma quizá era por culpa de ellos, porque no tenían suficiente confianza. Tenían que creer que la niña se pondría bien.

Pero la niña seguía empeorando. Al día siguiente por la tarde, José Soria y Rosa Pastor, por puro instinto de supervivencia, ya no pudieron aguantar más: cogieron a la criatura y huyeron de la masía. Fueron a casa de la madre de José, que los recibió con los brazos abiertos. Enseguida llevaron a la niña al hospital.

—Un día más y no la salvamos —les dijo el médico.

A los pocos días, un chico del grupo se presentó en casa de la madre de José Soria y les dijo que Raschimura tenía interés en hablar con ellos y que fueran a la finca de Vila-seca. Fue José. Le hicieron esperar hasta las nueve de la noche y entonces Pedro Vivancos apareció y le amenazó con pedirle una pensión por los dos niños que había en el grupo y que estaban inscritos a su nombre. Le dijo que era un hombre que sabía esperar e insinuó que, en cualquier momento, alguien podía atropellar a alguien con un coche. «Yo soy muy mal enemigo —le dijo—, más te vale que no hagas nada contra mí». José se reafirmó y le dijo que no volvería al grupo.

No mucho más tarde, tres sadacas se presentaron de nuevo en casa de la madre de José Soria para decirles que habían cometido una temeridad marchándose y para avisarles de que reclamarían legalmente a su hija. «Ve con cuidado, el Padre te buscará», le dijeron a José, y luego se fueron.

*

Casi por intuición, José Soria se había llevado del Mas Blanc un par de maletas repletas de documentos: fichas firmadas por los falsos médicos y recibos de la clínica, sobre todo. Entregó una parte en exclusiva a *El Periódico* y lo presentó todo a la Guardia Civil y al juzgado de guardia. Menos de veinticuatro horas más tarde, el Servicio de Información de la 441.ª Comandancia de la Guardia Civil de Tarragona irrumpió en la masía de Reus y en la clínica de Sant Cugat y requisó centenares de ficheros y documentación diversa que probaba los múltiples delitos cometidos por el grupo.

El domingo 24 de abril de 1983, al día siguiente de Sant Jordi, una imagen a todo color de la masía de Vila-seca ocupaba la portada de *El Periódico*. El titular decía:

RASCHIMURA, UNA PELIGROSA SECTA
QUE OPERA EN CATALUÑA

El reportaje, firmado por Joaquim Roglan, ocupa las seis primeras páginas del diario, está repleto de fotos y recuadros llamativos y tiene un marcado tono sensacionalista. «Los datos que siguen en estas páginas —se advierte en la primera página del informe—, no son más que un muestrario del museo

80

de horrores que acaba de descubrirse en Cataluña». Algunas de las afirmaciones que se hacen son poco mesuradas; otras, auténticos disparates. Se dice, por ejemplo, que Pedro Vivancos practicaba sesiones diarias de hipnosis colectiva, que sus discípulos vivían en un régimen de esclavitud «cercano al de un campo de concentración» y que los niños estaban desnutridos y abandonados. Hay un recuadro destacado que dice, literalmente, y en letras grandes: «La secta adora a Hitler, Charles Manson y Jim Jones».

La información que provee el diario, sin embargo, es extensa, y el trabajo periodístico, a pesar de todo, loable. Hay una relación de los miembros más destacados del grupo —incluyendo un breve perfil de cada una de las siete madres— y de todos sus negocios. El retrato que se esboza o deja entrever de Pedro Vivancos es el de un hombre violento y caprichoso; la biografía que ofrecen es sucinta e injusta: «Fue camarero en el bar Las Cuevas, bailarín del ballet de Antonio y, posteriormente, de un circo».

Hay fotografías de la clínica y de la casa, de Pedro Vivancos, de los niños, de las mujeres, de los falsos médicos, de las placas que Raschimura había acuñado para sus sadacas, hay una fotografía de la piscina del Mas Blanc. Se muestran, asimismo, algunos documentos, entre ellos un recibo de la clínica y una hoja con las instrucciones que Raschimura había dado a sus misioneros antes de su marcha a Londres.

La última página del reportaje es una entrevista que Margarita Rivière le hace a José Soria. El chico da la sensación de sentirse liberado y con ganas de hablar. Al final de todo, dice:

Y aquí estoy. Ahora me considero totalmente liberado. Me parece que he vivido cuatro años como en un sueño. Mejor: una pesadilla. Un mundo aparte. Ahora lo que me preocupa es encontrar trabajo, no es fácil, ¿sabes? Figúrate, no tengo ninguna experiencia.

Además del reportaje, el editorial del diario insiste en el tema y hace un llamamiento a la sociedad y las autoridades políticas.

La proliferación en los últimos años de ciertas sectas pseudorreligiosas —escriben—, algunas de cuyas prácticas rozan, cuando no caen directamente, en figuras tipificadas por el Código Penal, es un fenómeno que debiera preocupar a nuestras autoridades [...]. El secuestro físico o psíquico de jóvenes, ciertas prácticas dietéticas o vitales claramente perjudiciales para la salud física o mental y en general el repetido ejercicio de una actividad médica ilegal por parte de gentes sin ninguna titulación profesional son algunas de las características comunes de la mayoría de estos grupúsculos.

Y concluyen:

Se impone una investigación amplia de todo este tema capaz de delimitar con claridad dónde acaba la libertad religiosa y comienza el pantanoso terreno de los montajes místico comerciales.

*

Respecto a los posibles delitos por los que se investigaba al grupo, en el reportaje de este primer día se habla, de momento, de fraude para eludir el servicio militar, falsificación de documentos públicos, adulteración de alimentos, coacciones a suministradores y comerciantes, perversión de menores, usurpación de funciones médicas y apropiación fraudulenta de bienes. Al día siguiente, el 25 de abril de 1983, el caso Raschimura vuelve a ser portada en *El Periódico*, pero esta vez hay un giro novelesco. En primera plana se ve al maestro de EGB José Ángel Roncero —que entonces tenía veintiocho años— siendo detenido por la Guardia Civil. El titular dice:

ATRIBUYEN DOS MISTERIOSAS MUERTES A LA SECTA DE REUS

El periódico explica que la investigación judicial sobre el caso Raschimura ha girado su atención hacia dos extrañas muertes ocurridas en la clínica que el grupo tenía en Sant Cugat, y de las que se han enterado al inspeccionar y contrastar la documentación incautada.

Uno de los fallecidos era un joven que sufría de asma y que, según la hipótesis de la acusación, habría muerto por falta de oxígeno, en el mes de octubre de 1982, a consecuencia de las prácticas médicas negligentes del centro. Se explica que la clínica prohibía el uso de inhaladores, que obligaba al enfermo a enfrentar la enfermedad solo mediante ejercicios respiratorios de yoga y la propia voluntad. Durante una de estas crisis, el chico se habría quedado sin oxígeno y habría muerto.

El segundo caso es el de Concepción Carrilla, vecina de Sabadell, que había sido sometida a varias intervenciones quirúrgicas para extirparle un cáncer de pecho y que en la recta final de su vida fue trasladada a la misma clínica IMAYAM de Sant Cugat, donde murió en circunstancias no esclarecidas.

Ante estos descubrimientos, la maquinaria judicial se ha puesto enseguida en marcha. El titular del juzgado número 2 de Barcelona, Javier Béjar, ha decretado el secreto sumarial de la causa, ha abierto una ronda de declaraciones y, en vista de las pruebas presentadas, ha ordenado prisión sin fianza para José Ángel Roncero, acusado de intrusismo profesional con resultado de muertes y de complicidad en varias estafas. El médico peruano Alejandro Robles Castro también ha sido interrogado sobre las dos muertes, y posteriormente puesto en libertad. En líneas generales, el doctor Robles asegura que no ha habido ninguna irregularidad en torno a las dos defunciones. José Ángel Roncero, ingresado en la Modelo, y que en todo momento exculpará a Pedro Vivancos de cualquier responsabilidad en el caso, saldrá semanas más tarde en libertad bajo fianza de doscientas mil pesetas.

Ese mismo día, el ministro de Justicia, Fernando Ledesma, anuncia públicamente que se reunirá con los padres de los chicos abducidos.

Al día siguiente, miércoles 27 de abril, una fotografía de Pedro Vivancos García protagoniza la portada de *El País*.

*

84

Raschimura aparece sentado con las piernas cruzadas, vestido con un keikogi negro y con la cabeza afeitada. Tiene las manos alzadas y los dedos de una y otra entrelazados, la boca entreabierta y los ojos fijos, como si estuviera dando explicaciones o se estuviera defendiendo de una acusación. De fondo, a su espalda, se adivina un cochecito.

La tarde anterior, Pedro Vivancos había accedido a atender al diario en su gimnasio. Es la única vez que hablará con la prensa. En la entrevista —de la que el periodista de *El País* nos ofrece un resumen impresionista— el antiguo bailaor hace un repaso caótico a su vida, desmiente las acusaciones y desacredita a los delatores, a quienes tilda de resentidos, y reflexiona sobre su matrimonio y sus hijos y sobre su retorcido destino. Mientras habla, llega de fondo el llanto de un niño pequeño, y una mujer se levanta y cruza corriendo la estancia, musitando una y otra vez: «Josuá, Josuá, Josuá».

«Soy un guerrero —le dice Raschimura al entrevistador—, exclusivamente un guerrero».

Como su nombre no consta en ninguno de los negocios que investiga la Guardia Civil, Pedro Vivancos sigue de momento en libertad. Tras conceder la entrevista, se retirará a rezar, ordenará la disolución del grupo y abandonará la masía de Vila-seca con sus hijos y las siete favoritas montados en los camiones que el grupo utilizaba para transportar los alimentos Raschimura, camino a un lugar desconocido.

*

A partir de ese momento, el caso Raschimura se convierte en un tema de interés nacional. Las tertulias de todo el país —en la radio, en la televisión y en el bar o en las comidas del sábado con la familia— giran en torno al tema de las sectas. Los cines estrenan la película *Capturado*, de Ted Kotcheff, que trata de un joven estudiante norteamericano que es captado por una secta y luego secuestrado y desprogramado por un especialista al que han contratado sus padres. El programa de televisión *La clave* reúne en un mismo plató al líder de los Testigos de Jehová, al presidente de los Hare Krishna y a un miembro de Nueva Acrópolis. Ese año, el periodista Pepe Rodríguez publicará el libro *Esclavos de un mesías* y, poco después, *Las sectas, hoy y aquí*. Mientras tanto, empiezan a llover las denuncias y las acusaciones contra todos estos grupos, y los periódicos y las radios se llenan de testigos y supuestas víctimas de Raschimura.

El País narra el caso de una señora llamada Pilar, que había ido al centro que IMAYAM tenía en el número 5 de la calle Alvarado, en Madrid, para tratar de curarse la diabetes. Isabel Sánchez Reynaud, tras mirarla a los ojos, le diagnosticó que su problema era una consecuencia de la opresión a la que la había sometido su familia, y luego le aseguró que si se internaba en la clínica de Sant Cugat podría dejar de inyectarse insulina. Al día siguiente la mujer se marchó a Cataluña. El tratamiento debía durar quince días. En poco más de una semana la mujer se había adelgazado hasta pesar menos de cuarenta y cuatro kilos y su índice de diabetes se había incrementado muy por encima de las cifras rojas. Una noche empezó a sufrir los síntomas de la hipoglucemia; al límite del coma diabético, le pidió a José Ángel Roncero una manzana, una naranja, un terrón de azúcar:

> Recuerdo que se lo pedí por favor, poco menos que gritando, mientras él me aseguraba que la hipoglucemia solo existía en mi cabeza y que debía superarla por mí misma. Me dormí bañada en sudor y ayudada por los ejercicios de yoga, pero con la permanente angustia de que pudiera volver a producirse en cualquier momento.

El Periódico, por su parte, explica la historia del matrimonio Bellvís, que había ido a la consulta que el grupo tenía en la tienda de productos dietéticos de Mollerussa por una enfermedad irreversible que había dejado inválido al marido, un electricista de treinta y un años. Le prometieron que si ingresaba en la clínica de Sant Cugat podría volver a caminar, pero, en cambio, lo llevaron al borde de la muerte.

En mayo, la revista *Interviú* publica un extenso reportaje sobre el grupo. Se destapan las estafas de los productos Raschimura y del restaurante de la calle Rosselló, los insólitos detalles de la vida de la comunidad y una larga lista de curiosidades más o menos sensacionalistas. Hay varios casos de jóvenes diabéticos, tratados en IMAYAM, que tuvieron que ser ingresados en hospitales con cuadros clínicos muy graves. Una de las historias, la de Roberto Salvador, fue dramática y el muchacho arrastraría secuelas el resto de su vida.

Raschimura, naturalmente, también tiene sus defensores. «Su único pecado es ser peculiar. En otro país no pasaría nada», dice Guillermo Escolà, el abogado de Pedro Vivancos.

El día 16 de ese mismo mes, dieciocho personas firman una carta que envían a la prensa, titulada «A favor de Raschimura», donde manifiestan su «indignación y repulsa por la parcialidad con que se ha tratado la noticia», y lamentan que no se haya tenido en cuenta la gran cantidad de pacientes a los que Pedro Vivancos ha curado. Consideran que mucha gente que siguió sus consejos sintió una mejora en su vida. Hay que entender, además, que muchos de los pacientes eran enfermos terminales que acudían allí como último recurso desesperado, así que el hecho de que se produjeran algunas muertes en la clínica no debería sorprendernos. Como dice Mercè Cardona: «O los curaba o los mataba».

El problema, sea como fuere, parece ir más allá del caso concreto de los seguidores de Raschimura. Poco antes de que José Soria hubiera presentado la denuncia a la Guardia Civil, los familiares de un chico que había ingresado en la comunidad Hare-Krishna de Palma de Mallorca habían presentado su caso ante el Defensor del Pueblo. La conjunción de ambas causas empuja a la Fiscalía General del Estado a iniciar, el 24 de mayo, una investigación en torno a todos aquellos grupos o confesiones religiosas sospechosas de poder constituir una secta, y a las que se acusa de hacer prácticas de anulación de la personalidad y de ser contrarias a los derechos y libertades recogidos por la Constitución. Es la primera vez que la Administración investiga globalmente el problema de las sectas destructivas. El resultado de estas investigaciones determinará, según un portavoz de la Fiscalía General del Estado, las acciones que el Gobierno emprenderá sobre el tema.

A pesar de las declaraciones de gente como Gustavo Suárez, director general de Asuntos Religiosos del Ministerio de Justicia, que intenta tranquilizar a la población y asegura a la prensa que la presencia de las sectas en España es realmente escasa, el caso Raschimura ha hecho patente la necesidad política de afrontar un problema que, en la opinión pública, se empieza a descontrolar. Las sectas y los grupos religiosos habían empezado a invadir España a mediados de los setenta, coincidiendo con el proceso de liberalización del país. Los más famosos incluyen a los Hare Krishna —que se muestran muy ofendidos al ser considerados una secta—, la iglesia de la Unificación —más conocidos como la secta Moon— o los Niños de Dios, fundada por el pastor evangélico David Berg, que había sufrido abusos sexuales cuando era pequeño y que, en su interpretación del cristianismo, considera el sexo un regalo divino. Según datos de *El País*, se calcula que en esas fechas hay en el Estado medio centenar de sectas, que cuentan con un censo total que supera las cuarenta mil personas, aunque estas cifras seguramente son exageradas. Según el Ministerio de Justicia, los Hare Krishna cuentan en España, por aquel entonces, con poco más de ciento treinta miembros; la Iglesia de la Unificación, alrededor de un centenar; Gutu Majaraj Hi es aún más minoritaria, y los Niños de Dios, que en su momento tuvo cierta importancia, ha desaparecido prácticamente del mapa, dejando algún adepto desperdigado y con un apartado de Correos como única referencia social. Pero el pánico que ha generado el caso Raschimura, avivado concienzudamente por la prensa, lo lleva todo a la exageración. La gente tiene presentes los casos infames de Charles

Manson —tres seguidores suyos habían perpetrado, siguiendo sus órdenes, un asesinato múltiple en una casa de Beverly Hills en agosto de 1969, que incluía entre las víctimas a la actriz Sharon Tate— y sobre todo el suicidio colectivo de los 918 seguidores de Jim Jones en Guyana en noviembre de 1978.

Poco después de que la Fiscalía General del Estado haga público el inicio de la investigación, el presidente de la Asociación Española para la Conciencia del Krishna, el catalán Jaime Sans, antiguo estudiante de Económicas, y cuyo nombre espiritual es Suchi Srava Das, asegura a la prensa que los Hare Krishna están encantados de colaborar con la justicia, y que espera que esto servirá para acabar con la intensa campaña de desprestigio que, asegura, han estado sufriendo por parte de los medios de comunicación del país. «Es vergonzoso —dice—, que nos metan en el mismo saco que Raschimura».

Mientras tanto, el proceso policial sigue su curso, y cinco meses después de abrirse el caso contra el grupo de Raschimura, en octubre de 1983, el Juzgado de Instrucción número 1 de Tarragona levanta el secreto sumarial de las diligencias, lo que permite conocer las líneas generales de la investigación. Se descubre que ya no se investigan únicamente dos muertes sospechosas ocurridas en la clínica que el grupo tenía en Sant Cugat, sino ocho. Por su responsabilidad en estas muertes y, de manera más general, por las prácticas médicas de los miembros del grupo, así como por falsificación de documentos, alzamiento de bienes, usurpación de estado civil y apropiación indebida y la presunta falsificación del nacimiento de un hijo inexistente, el juez da orden de prisión para Pedro Vivancos, Paloma Lago,

Isabel Sánchez Reynaud (que en aquellos tiempos dirigía la consulta de Madrid) y un cuarto miembro de la comunidad, María del Carmen Hernández. El fiscal pide para ellos penas de hasta ocho años. Seis miembros más del grupo serán procesados por delito de intrusismo: José Ángel Roncero, Albert Martín Ramírez, María Dolores Sayos Teruel, Pilar Cordovin, Isabel Cabrerizo Martínez y Maria Rosa Pastor Ubach. Para cada una de estas personas, el fiscal pide un año de prisión. Los informes policiales afirman que Pedro Vivancos había estado hasta hacía poco viviendo en un sótano de la calle Guillem Tell de Barcelona, pero que luego le habían perdido el rastro.

De estas ocho muertes, la que más llama la atención de los investigadores es la de Montserrat Farràs. Cuatro meses atrás, en junio de 1983, el juez de Terrassa que llevaba la instrucción había recibido una nueva denuncia, presentada por José Manuel Palau, hijo de la presunta víctima, que aseguraba que su madre había fallecido también en el centro médico de Sant Cugat. La mujer, de cincuenta y ocho años, había acudido para tratarse la artrosis que sufría. Los médicos de Raschimura le retiraron el tratamiento con corticoides y la sometieron a un régimen alimentario a base de ayunos y arroz. Cuando la llevaron a la Clínica de Santa Tecla, los médicos diagnosticaron edemas pulmonares, anemia grave, inflamaciones y fuertes dolores. Fue mantenida con sueros hasta su muerte.

El dictamen médico forense asegura, «con todas las reservas», que «podemos sospechar que el régimen alimentario vegetariano que duró sesenta días pudo agravar y facilitar la muerte más rápida de la paciente».

En enero de 1984, el Juzgado número 2 de Terrassa dicta una nueva orden contra Paloma Lago y Pedro Vivancos, que siguen en paradero desconocido.

*

En mayo de 1985 se presenta un nuevo dictamen elaborado por los médicos forenses Rafael Martínez Figuereo y Manuel Baselga Monte, con ocasión de una exploración efectuada a dos antiguos adeptos del grupo de Raschimura, y que será fundamental de cara a la sentencia final. En opinión de los médicos, los adeptos ofrecen un cuadro psiquiátrico en el que destaca, como elemento característico, un debilitamiento psicológico que denominan «síndrome de persuasión colectiva». El estudio que presentan explica que el grupo, mediante la persuasión, consigue distanciar a los adoctrinados de su entorno social, generando además un alto nivel de emocionalidad que tiende a inhibir los procesos de juicio racional. Los adeptos —añade— pueden incluso llegar a sufrir alucinaciones, tanto auditivas como visuales, que pueden llevarlos a la asunción del carácter divino o sobrenatural del gurú.

Mientras tanto, la Justicia ha iniciado una ofensiva espectacular contra las sectas destructivas. Da la impresión de que el caso Raschimura, con todo el terremoto que ha provocado en la prensa, ha actuado como detonante y ha empujado al Gobierno a lanzarse de manera implacable contra todos estos grupos.

En junio de aquel mismo año, la secta CEIS (Centro Esotérico de Investigaciones) es desarticulada en Cataluña tras la operación Mesías llevada a cabo por los Mossos d'Esquadra. Durante seis meses, uno de sus miembros, Antonio Tarrida, se había infiltrado en el seno de la organización. En 1990, la Audiencia de Barcelona condenará al líder de la secta, Vicente Lapiedra Cerdá, a diez años de prisión por delitos de intrusismo e inducción a la prostitución. Los otros tres procesados y colaboradores suyos, David Gómez Gamero, Ricardo Clavero Holland y José Luis Rodes, serán condenados a nueve años de prisión por los mismos delitos.

En octubre de 1986, el fiscal de la Audiencia Nacional solicita un total de cuatrocientos cincuenta años de prisión para Eduardo González Arenas, alias Eddie, antiguo legionario y líder de la secta Edelweiss, por considerarlo autor de setenta y cinco delitos de corrupción de menores. La secta había sido desarticulada en noviembre de 1984, y su líder y otros diez seguidores, detenidos en Lisboa. La secta propugnaba la práctica de relaciones homosexuales entre menores como parte de un estilo de vida que, según explicaba Eddie, tenía su origen en un planeta remoto llamado Delhaiss. Según su doctrina, los seguidores de la secta serían trasladados a este planeta tras alcanzar un cierto nivel de desarrollo y así salvarse de una catástrofe inminente en la Tierra. Aunque será condenado a ciento sesenta y ocho años de prisión, Eddie solo estará en la cárcel seis. En 1998 será degollado en Ibiza, ante una heladería, por uno de sus antiguos discípulos, que había sufrido abusos de él.

En noviembre de 1988 se efectúa en Madrid una redada contra dirigentes y miembros de la Cienciología. Sesenta y nueve personas son detenidas por delitos de estafa, falsificación de documentos, fraudes fiscales y monetarios, coacciones y actos contra la libertad.

A pesar de toda esta serie de operaciones policiales, sin embargo, se hacen evidentes los problemas a la hora de enfrentarse con un fenómeno que no está bien delimitado en el régimen jurídico. El problema es encontrar el equilibrio entre la libertad de los ciudadanos de asociarse en torno a una religión y el riesgo de que esta religión acabe poniendo en peligro la libertad de los individuos. Ese mismo año, en 1988, se constituye en el Congreso una comisión parlamentaria para abordar el problema de las sectas en España. La comisión está presidida por Juan Manuel del Pozo, del Partido Socialista, y la conforman nueve diputados de los diferentes grupos políticos.

El principal problema con que se encuentra la comisión es que no sabe muy bien cómo definir el término «secta», y hacerlo de tal manera que no se viole el derecho a la libertad religiosa. La gente espera que de la comisión pueda salir un listado concreto de las sectas destructivas en España. Un estudio publicado ese mismo año por las asociaciones Ijzys y Libertad presenta una clasificación de las sectas que operan en el estado en tres categorías, según su grado de peligrosidad. El Grupo A incluye organizaciones que no dañan ni económica ni físicamente a sus miembros, como por ejemplo los mormones. Al Grupo B pertenecen aquellas sectas que perjudican económicamente a sus miembros, les suscriben dietas o tratamientos médicos específicos y tienen métodos sofisticados de captación. Finalmente, las sectas clasificadas con el grado C son aquellas que añaden a estas características la violencia física. El estudio sitúa a Raschimura en este último grupo.

A la hora de la verdad, sin embargo, establecer rigurosamente unos criterios jurídicos para definir qué constituye una secta y qué no resulta mucho más complicado, por no decir imposible. En la primera reunión de la comisión, los nueve diputados se proponen enumerar algunas de las sectas que actúan en España, y estudiar la situación a partir de ahí. Uno a uno, empiezan a nombrar grupos que podrían constituir una secta, pero enseguida se ponen a discutir: alguien ha mencionado un conocido grupo religioso y otro le ha respondido que cómo podía considerarlo una secta. El presidente de la comisión debe intervenir:

—¿Lo ven, señores, como tenemos un problema?

Después de diez meses de trabajo, finalmente, los diputados llegan a la conclusión de que en un régimen de libertades democráticas es imposible establecer ningún tipo de catálogo de sectas, y mucho menos elaborar una ley sobre las sectas. La comisión presenta un documento con dieciséis medidas, insta al Gobierno a ejercer un mayor control y reclama una regulación más precisa del régimen jurídico. En marzo de 1989 se aprobará en el Congreso una resolución «Sobre las sectas en España», que tiene como objetivo la prevención, disuasión y corrección de las «sectas destructivas», y que propone como herramientas para conseguirlo la promoción y difusión de información y la incrementación del control de la legalidad de las entidades religiosas.

El 18 de diciembre de 1988, el fiscal Antonio Vicent afirma que los exintegrantes de la secta Raschimura juzgados en la Audiencia de Barcelona son víctimas del líder de la organización, Pedro Vivancos García, que continúa huido de la justicia española, y retira las acusaciones que pesaban sobre tres de los procesados. La sentencia del 21 de diciembre de 1989 del Juzgado de Primera Instancia de la Audiencia Provincial de Barcelona (sección cuarta) relativa a la secta Raschimura establece que la Fiscalía no ha conseguido probar la relación que haya podido haber entre las «dietas purificadoras» de la clínica IMAYAM y la muerte de esas ocho personas que fueron tratadas en ella. En el escrito de calificación fiscal, se precisa que en los procesados concurría un atenuante de responsabilidad criminal por entender que se encontraban bajo el síndrome de presión coactiva: «El adoctrinamiento a que estaban sometidos y que llevaba a percepciones muy alteradas de uno mismo, del medio ambiente y de la relación individuo-medio ambiente, alteraba notoriamente sus facultades intelectivas y volitivas». En la sentencia, los magistrados subrayan que Raschimura adoctrinó a sus seguidores con «conferencias, predicaciones reiteradas, falta de sueño y alimentación carencial».

Cuatro miembros del grupo de Raschimura (Maria Rosa Pastor, José Antonio Hernández Ruiz, José Soria Reina y Sebastián Gómez Rángel) reciben penas simbólicas: son condenados a un mes de arresto por el delito de falsedad documental, por haber inscrito en el registro civil hijos que no eran suyos.

Han pasado casi siete años desde que tuvo que abandonar el Mas Blanc montado en un camión con sus mujeres, sus discípulos y sus hijos. Las autoridades siguen sin saber dónde está Pedro Vivancos.

5. El padre Iván

En el último siglo y medio, la Columbia Británica ha visto nacer y morir un gran número de comunidades utópicas, muchas más de las que ha acogido cualquier otro lugar del mundo. Este curioso fenómeno se remonta a 1862, cuando el misionero anglicano William Duncan, también conocido como Padre Duncan, estableció en Metlakatla una comunidad cristiana utópica, formada por unos trescientos aborígenes tsimshianos de Port Simpson. A finales del siglo XIX y principios del XX, los inmigrantes idealistas escandinavos y rusos establecieron en esa misma zona colonias impresionantes. Es conocido que Tolstoi escribió su última novela, *Resurrección*, para recaudar fondos para los dujoboris —un movimiento religioso pacifista que tenía sus orígenes en el siglo XVIII, y que el zar Nicolás I condenó al destierro— en su huida a Canadá, donde fundaron varias comunidades agrarias. En 1901, el socialista utópico finlandés Matti Kurikka fundó en la isla de Malcolm la colonia Sointula, basada en los principios del cooperativismo, y en los años veinte, Edward Wilson, más conocido como Brother XII, un místico inglés que afirmaría ser la reencarnación de Osiris, fundó al sur de la ciudad de Nanaimo, en la isla de Vancouver, una comunidad que debía ser, supuestamente, la semilla de un nuevo mundo, y que a la hora de la verdad acabo rebelándose contra él, que con el tiempo se había ido volviendo cada vez más dictatorial y paranoico y que, en respuesta al motín, destruiría literalmente la colonia y huiría a Europa llevándose con él una fortuna en oro. En los años cincuenta, los Emisarios de la Luz Divina fundaron en aquel rincón del mundo su comunidad más importante. Y durante los sesenta y setenta la Columbia Británica vivió una auténtica colonización por parte de varios grupos de hippies, que levantaron multitud de pequeños pueblos experimentales en las islas de la Costa del Sol, muchos de los cuales aún perduran hoy en día.

¿Por qué allí, precisamente? ¿Qué tiene, la Columbia Británica, de especial, que parece atraer a los visionarios de todo el mundo como un imán? El clima, gracias a la corriente cálida del océano Pacífico, es benévolo a pesar de la latitud; el paisaje, con las altas montañas de la costa y los numerosos fiordos, es a menudo abrumador; y hay un gobierno indulgente y abierto y un ambiente general de tolerancia hacia los recién llegados. Pero esto por sí solo no es suficiente para explicar esta tendencia singular. Quizá todo se deba a la misma inercia de la tradición o la historia, o al encanto del punto preciso que ocupa en el globo terráqueo. El caso es que, para los grandes soñadores europeos y americanos, para aquellos que no han sabido o querido amoldarse a los estrechos esquemas de la sociedad occidental, ese espacio vasto y remoto en el nordeste del Pacífico, entre Alberta, Alaska y Yukón, ha sido como una inmensa hoja en blanco en los mapas, el punto señalado donde llevar a cabo sus quimeras sociales.

Y allí, precisamente, a finales de la década de 1980, un nuevo rumor comenzó a propagarse entre los habitantes de las islas del golfo. Se decía que una nueva comunidad, un grupo oscuro de polígamos españoles, se había establecido en la isla de Mayne, y que más tarde se había desplazado a Rock Creek. Estaba gobernado —o eso se rumoreaba— por siete mujeres, todas ellas con el pelo muy corto, a quien los locales llamaban las Vivancas, aunque quien movía los hilos a la sombra era un misterioso líder llamado el Padre Iván, que no se dejaba ver con facilidad. Los vecinos de la ciudad los consideraban educados, pero excesivamente reservados, y con el tiempo comenzaron a desconfiar de ellos. Se creía que abrazaban algún tipo de sufismo. Del complejo prácticamente en ruinas que habitaban, emanaba siempre un olor desagradable, y sus cabras, que pastaban en absoluta libertad, estaban dejando pelados los alrededores. Se decía también que habían hecho intentos infructuosos de talar sus tierras y que habían dejado grandes montones de madera valiosa pudrirse bajo la lluvia. Sus intentos de piscicultura fueron igualmente desastrosos. Sin embargo, no parecían pasar penalidades, y aquellos que habían podido echar un vistazo a sus instalaciones aseguraban que incluso tenían una piscina. Todo ello, como es natural, hacía sospechar a los habitantes locales. A medida que los niños de la comunidad fueron proliferando —pasaron de los dieciocho a los veintitrés, a los veinticinco, a los treinta— la gente empezó a hablar de un negocio de cría y venta de bebés. O quizá —opinaban otros— vendían drogas a lo largo de la costa.

*

Pedro Vivancos y sus seguidores —las siete madres y los (entonces) dieciocho hijos, más una decena de seguidores fieles— habían aterrizado en Canadá en 1984. En abril de 1983, justo después de la redada sorpresa de la Guardia Civil en el Mas Blanc y en la clínica de Sant Cugat, el grupo se había diseminado y después habían ido abandonando España un poco cada uno por su cuenta. Fueron momentos difíciles para Pedro. Tenía miedo. No de la cárcel, sino de perder a la familia, tenía miedo de que el Estado se hiciera con la custodia de sus hijos, tenía miedo de perder aquello que más amaba. No podía quedarse en España, no después de ver cómo la policía entraba por sorpresa en su casa y lo revolvía todo, no después de ver cómo los periódicos publicaban imágenes e información de todos ellos y de su casa, no después de ver cómo les caía encima toda aquella avalancha de acusaciones.

Pedro dijo a sus discípulos que los esperaría en Londres y les dio una dirección. Él había contactado con un viejo amigo con quien había estudiado artes marciales, que lo sacó clandestinamente del país en un velero privado y lo llevó hasta el sur de Francia. En Londres solo estuvieron unos pocos meses, y de allí pasaron a Montreal, donde uno de los chicos del grupo, Joan Aldama, tenía un hermano.

La historia de cómo cruzaron juntos las fronteras de medio planeta y pasaron los controles de inmigración de Canadá es un nuevo episodio en este libro fabuloso que es la vida de Pedro Vivancos: para no levantar sospechas y pasar desapercibidos, Raschimura y sus discípulos se vistieron con un uniforme a conjunto y se hicieron pasar por una escuela de música de niños prodigio que iban a Canadá a ofrecer una serie de conciertos. Como todos los niños sabían bailar y tocar todo tipo de instrumentos —además de ser unos expertos taekwondistas—, en caso de ser requeridos, podían demostrar ante quien fuera sus dotes para corroborar la historia.

En Montreal alquilaron algunos apartamentos y una nave industrial y, como Joan Aldama era arquitecto, el grupo se constituyó como empresa de construcción, aunque no tenían ni idea del tema. Pero empezaron a hacer algunos trabajos de reparaciones y aprendieron el oficio a marchas forzadas, y con el tiempo consiguieron ser una empresa bastante eficiente. Se especializaron en el *wood frame*, una técnica arquitectónica que utiliza la madera como material principal para levantar el esqueleto del edificio, habitualmente una casa unifamiliar. Las compañías de construcción solían hacer los cimientos durante los meses de primavera o verano; nadie quería trabajar en invierno, cuando las temperaturas llegaban a treinta grados bajo cero. Pero el grupo de Raschimura se ofrecía a trabajar en las condiciones que fuera.

De todas maneras, Montreal —una ciudad de dos millones de habitantes— resultaba un lugar inadecuado a sus propósitos, así que, en 1986, siguiendo las órdenes de Pedro, el grupo se compró dos autocaravanas y enfilaron hacia el oeste. Atravesaron la provincia de Quebec, pasando por los grandes lagos fronterizos con Estados Unidos, cruzaron los bosques y llanuras heladas de Saskatchewan y Alberta hasta llegar al Parque Nacional Banff, en el corazón de las Montañas Rocosas, y de allí —como si hubieran sido atraídos por el lugar mismo, por los cantos de sirena de la Columbia Británica y los antepasados utopistas que la poblaron— llegaron a Victoria, para establecerse finalmente en la isla de Mayne, un pequeño islote escarpado y pintoresco con un total de setecientos habitantes que forma parte de la cadena del golfo que se abre entre el sur de la isla de Vancouver y el continente americano.

Allí, en un terreno de cuatro hectáreas con vistas al canal de la Marina, montaron su complejo residencial, el primer asentamiento de la pequeña sociedad utópica que estaban a punto de levantar. Pero a pesar de que el lugar es reputado por su tolerancia, y a pesar de la voluntad del grupo de mantenerse apartados del resto del mundo, enseguida comenzaron a sentir la hostilidad de los vecinos, que se quejaban por la tala excesiva del terreno, los fuegos descontrolados, el ruido de los niños y de los perros guardianes, las cabras y los conejos que se escapaban de la propiedad; por las condiciones —en definitiva— en las que mantenían aquel conjunto desastrado en una zona que era básicamente residencial, y también por la naturaleza antagónica y excesivamente reservada que mostraba el grupo. Algunos vecinos afirmaban que su presencia allí estaba devaluando drásticamente el lugar y, en consecuencia, el valor de sus propiedades, que, según las estimaciones de algunos vecinos, se había reducido a la mitad desde su llegada.

—Se han ganado la animosidad que siente la gente de aquí —declaró un vecino al *Vancouver Sun*.

—Realmente han profanado el lugar sin tener un plan en mente —dijo otro al *Whitehorse Daily Star*—. No sé realmente cuál es su estilo de vida y no me interesa. Mi único interés es cómo han afectado al nuestro, y ha sido negativamente.

Fuera por eso, o por la lluvia constante que parecía caer siempre sobre la isla, o porque el lugar se les estaba quedando pequeño, o simplemente por aquella pulsión expansionista que parecía hervir dentro de Pedro Vivancos, el grupo se movió dos años más tarde hacia el interior, a Rock Creek, a trescientos kilómetros al este de Vancouver, al sureste de Kelowna, en la frontera con Estados Unidos. Allí, en un valle aislado al que se accedía tras recorrer veinte kilómetros por una pista en mal estado, compraron un terreno de doscientas hectáreas y construyeron una especie de fuerte, un complejo de edificios de madera, de hasta tres plantas de altura, conectados por pasarelas cubiertas. Aquel lugar se convertiría en su residencia habitual, aunque seguirían alternando con el terreno de la isla de Mayne, donde los inviernos eran menos rigurosos.

El valle lo cruzaba un arroyo donde los castores habían construido una presa. Había osos negros, ciervos, águilas reales y pescadoras, y grupos de lobos que aullaban por las noches. También había algunas antiguas casas derruidas hechas con troncos: habían sido de los dujobori, que se habían instalado en ese mismo lugar cien años atrás. Aparcados en el rancho tenían sus autocaravanas y algunos vehículos todoterreno, que utilizaban para desplazarse por el territorio, además de un tractor y un autobús escolar. Un generador les daba la electricidad que necesitaban para el día a día, porque en aquel lugar apartado del mundo no había ni corriente ni servicio telefónico.

Pero, a pesar de haber ido a vivir a ese emplazamiento en medio de la nada (estaban rodeados de tierras de pasto, y no se mezclaban con los vecinos, sino que incluso compraban la comida a granel en Penticton), los habitantes de la zona, mayoritariamente ganaderos, no tardaron en quejarse también de ellos y hacer llegar sus quejas a las autoridades. Desconfiaban del grupo, de sus maneras y de su hermetismo, así en general, aunque su queja principal era que los niños de la comuna «acosaban» a su ganado. Un pastor aseguraba que su rebaño —una veintena de vacas— se había vuelto tan nervioso que ese año había tardado tres semanas en reunirlas, en lugar de una, que era lo más habitual. «Y eso es dinero», aseguró. Una noche, algún vecino anónimo pintó con espray grafitis ofensivos en los letreros de la comuna.

—Durante cien años, el ganado se ha movido allí arriba a voluntad y ahora las mujeres han cercado el lugar, pero la valla que han levantado es tan terrible que el ganado pasa por encima —explicaba el ganadero Neil Smith.

—Todo el mundo aquí es muy amigable y dejamos que la gente camine por nuestras tierras, pero estas mujeres no dejan que nadie se acerque a su propiedad —afirmaba Gerald Crickett, tendero—. Todo el mundo se pregunta qué está pasando.

—Entré allí para presentarme, con el sombrero en la mano —declaró el ganadero Jon Bick— y me echaron fuera antes de que pudiera decir nada.

El caso, finalmente, había llegado de nuevo a la prensa: en abril de 1991, una reportera y un fotógrafo del *Vancouver Sun* visitaron por primera vez el rancho de Rock Creek para intentar charlar o entrevistar a algunos de sus miembros. La reportera era Moira Farrow, reconocida por sus artículos sensacionalistas sobre inmigración, y que dedicaría al grupo de Raschimura un buen puñado de páginas a lo largo de aquellos años.

—*Outside, outside* —los gritó una mujer, al verlos llegar. Era Rosa Soler, que seguidamente aferró a la reportera por el brazo y la empujó hacia la carretera—. *We feel like animals in the zoo.*

*

Los niños no iban a ninguna escuela pública. Según la British Columbia School Act, el grupo tenía permitido abrir su propia escuela autodirigida, y eso es lo que hicieron. Cada año los visitaba un inspector para observar los progresos de los niños y asegurarse de que recibían una educación de calidad. En 1988, Mike Marshall, superintendente de educación de las islas del golfo, hizo una primera inspección al complejo y quedó favorablemente impresionado por los métodos y calificaciones de las madres, y concluyó en su informe que aquellos niños estaban siendo educados en un nivel de calidad estándar o incluso por encima del de los niños locales. Los vecinos, no obstante, aseguraban que aquellos chicos pasaban un tiempo inusual jugando en la playa.

En el año 1993 el grupo construyó un edificio de acero de tres mil metros cuadrados, que inicialmente estaba pensado para domar caballos, y registró su propio centro educativo, la Quanticoh Independent School, que se acabó convirtiendo en el corazón de la pequeña comunidad.

Las madres eran las principales encargadas de dar clase a los niños, que iban creciendo en número a un ritmo casi vertiginoso. Con ellas, los niños aprendían francés, italiano, inglés, español y chino, música, historia mundial, ciencias, artes marciales y ballet. Pedro les enseñaba al principio danza clásica y flamenco, pero luego contrataron a profesores, a los que algunos discípulos iban a buscar con sus vehículos y al acabar la clase los devolvían a la civilización. Más adelante, cuando se fueron haciendo mayores, algunos de los chicos —ya adolescentes— irían a tomar clases a la academia Goh Ballet de Vancouver.

La filosofía pedagógica general de la escuela era no coercitiva: si los niños querían cavar un agujero en el suelo, lo cavaban. Pedro pensaba que la educación y la moral occidental, elaborada a lo largo de siglos de opresión y ofuscamiento, era la que nos enseñaba a ver el mundo con esa falsa dualidad de la que él hablaba. Por lo tanto, tenían que intentar educar a los niños de tal manera que no heredaran estos prejuicios. Pedro Vivancos tenía grandes esperanzas en sus hijos, o durante un tiempo las tuvo. Ellos tenían que ser la semilla para un nuevo mundo, un mundo libre de egoísmo, libre de odio y de violencia, libre de enfermedades. Tenían que extender esta nueva manera de ser y de hacer por todo el mundo.

A pesar de esta filosofía liberal, a la vez, sin embargo, el padre Vivancos imponía a sus hijos la sobria disciplina que siempre había caracterizado sus lecciones. Con una treintena o una cuarentena de niños, la obediencia era un elemento absolutamente necesario, y en eso los hijos mayores desempeñaban un papel fundamental. Tenían ciertos privilegios. Cuando las madres traían un saco de ropa nueva o regalos, ellos eran los primeros en escoger. Pero a cambio se encargaban de dar ejemplo a los más pequeños y enseñarles el respeto y consideración que se debía rendir a los adultos. No era algo habitual, pero en ocasiones Pedro podía imponer castigos físicos, tanto a sus hijos como a sus discípulos, a quienes a veces se podía ver dando vueltas desnudos por el patio.

Al final, a pesar de todos los problemas con los vecinos, con la prensa y con las autoridades, y los problemas que arrastraba de su vida anterior, Pedro había conseguido lo que buscaba: una familia. Porque eso es lo que eran, o cuando menos es lo que ellos se consideraban, lo que siempre se consideraron: ni una comuna, ni un experimento social, ni una secta; una familia. Tan sencillo como eso. Y como en todas las familias, los niños eran lo más importante. Ellos estaban llamados a ser el verdadero legado de Raschimura.

El padre era atento con ellos. Cuando eran pequeños, les daba siempre un beso de buenas noches. A veces, mientras hacían clase o practicaban con su instrumento, lo podían ver observarlos desde la distancia. De todas maneras, sin embargo, Pedro imponía ciertas limitaciones afectivas hacia los niños. No quería que hubiera diferenciaciones en el trato hacia ellos, y por eso las madres tenían prácticamente prohibido abrazarlos. Allí todos eran iguales, y todos eran hijos de todos.

Cuando un niño nacía, Pedro le daba un nombre, y además le asignaba un animal (Elías, por ejemplo, era la serpiente), una piedra y una flor. Así como la mayoría de los niños nacidos en España tenían nombres bíblicos, en Canadá Pedro les podía poner el nombre que quisiera, así que empezó a inventarse nombres. Algunos nombres estaban inspirados en los sonidos de los animales de los otros hermanos. Estaban Gla, Ciro, Tierna, Saladina, Arcanoh. De todas maneras, aunque aquellos eran sus nombres oficiales, desde pequeños todos los hermanos se referían entre ellos usando motes, que aún siguen utilizando hoy en día: Tito, Cora, Nene, Choto, Capone...

Como, con cuarenta hijos, era imposible celebrar el día de Reyes de una manera convencional, el grupo había inventado una festividad alternativa: la llamaban el Día de los regalos. Era el día preferido de los niños. Se levantaban todos muy temprano por la mañana, toda la muchachada al completo, cuando el cielo todavía estaba oscuro, y pegaban las caras a las ventanas de su habitación. Desde allí, veían como un inmenso camión cargado con juguetes de Toys"R"Us enfilaba el camino que llevaba al emplazamiento y descargaba una montaña de cajas envueltas para regalo en la casa. Cuando les daban permiso, los niños se abalanzaban encima de los regalos y cada uno arramblaba con lo que podía.

*

Además de los hijos, las siete madres y Pedro Vivancos, vivían allí una docena de adultos y algunos niños. Entre ellos, había un hombre llamado Jordi Mengual. También estaban su mujer y su hija.

Jordi era un tipo entrañable y pacífico, con muchas inquietudes espirituales. Se había pasado toda su vida buscando respuestas a sus inquietudes, y había llegado a creer profundamente en el destino, o en la idea de que todo tiene un sentido, que todo lo que pasa es porque tiene que pasar. Ya de muy pequeño se sentía un extraño en su casa. Le daba la sensación de que sus padres no eran sus padres reales. Se solía preguntar: ¿qué hago, yo, aquí? ¿De dónde ha salido todo esto? Para escapar de todas estas angustias existenciales utilizaba la fantasía: se inventaba historias divertidas y extravagantes que a menudo explicaba a sus hermanas.

Al acabar el bachillerato, Jordi no sabía a qué se quería dedicar, así que, siguiendo los consejos de su padre, se presentó a unas oposiciones para entrar en el banco donde él mismo trabajaba desde hacía veinticinco años. Jordi consiguió el trabajo, pero enseguida se dio cuenta de que aquello no estaba hecho para él. Se sentía atrapado entre aquellas paredes blancas, bajo la fría luz de los tubos fluorescentes. No veía ningún sentido a todo aquello, le daba la impresión de que estaba desaprovechando su vida. Al poco tiempo comenzó a sufrir ansiedad y principios de agorafobia.

Un día, un compañero de trabajo lo convenció para que lo acompañara un fin de semana a hacer senderismo con su grupo de amigos. Jordi empezó a ir de excursión con ellos los domingos. Se sentía tan bien, allí en la montaña, confraternizando con otras personas y compartiendo la comida, que Jordi se apuntó a un centro excursionista. Gracias a aquello, recuperó parte de la confianza en sí mismo y en su vida. Le gustaba la naturaleza y también la camaradería y el sentimiento de pertenecer a un grupo, de ser algo para alguien. Pero cuando acababa el fin de semana, tocaba volver a la misma monótona vacuidad de siempre, que tanto le costaba soportar.

Más o menos en aquella misma época, Jordi conoció a Laia, con quien se casó al cabo de poco tiempo. Pero aquello tampoco consiguió llenar ese vacío que continuaba sintiendo dentro. Se sentía incompleto. Pensaba que aquello no era lo que quería, lo que anhelaba, que aquella no era la vida a la que había sido destinado.

Hacía poco tiempo que Jordi y su mujer vivían juntos cuando se propusieron mejorar o cambiar su estilo de vida y, entre otras cosas, empezar a comer mejor, y decidieron incorporar la macrobiótica a sus hábitos alimentarios. Acostumbraban a ir a comprar los alimentos a una tienda que estaba en la calle Muntaner.

Allí conocieron a Arcadi, un chico de veinticuatro años, que les habló por primera vez de Raschimura y de su grupo. Les explicó que vivían todos juntos —hombres, mujeres y niños— en una masía de Reus. El chico se mostraba feliz y entusiasmado cuando hablaba del grupo. También les dijo que Raschimura ofrecía justamente esos días una pequeña charla de yoga y los animó a ir a escucharlo.

Jordi quedó conmovido por las palabras que Raschimura

ofreció aquella tarde lluviosa en el dojo de Sant Cugat. Recordaría el discurso toda la vida. Raschimura les habló del amor y les dijo que el ego es la única cosa de la que se debe prescindir para poder ser feliz y encontrar el sentido de la existencia. Después les enseñó unos asanas de yoga que practicaron encima de un colchón y los animó a volver en quince días.

La madre de Jordi tenía artritis reumatoide e iba en silla de ruedas. Jordi, que había oído hablar de las curaciones milagrosas de la clínica de Sant Cugat, decidió llevarla ante Raschimura. Pedro Vivancos los hizo pasar a una zona reservada detrás de unas cortinas, aferró a la mujer por las muñecas y le tomó el pulso. Pedro seguía una técnica de la medicina china en la que se aprecian seis diferentes pulsos en cada muñeca, y que indican el estado de la energía que circula por cada uno de nuestros meridianos energéticos. Entonces Pedro le dijo a la mujer que no le quedaba mucho tiempo de vida y que la única manera de cambiar aquello era dando un giro radical a sus hábitos y a su manera de vivir. El primer paso, dijo, era someterse a un régimen radical a base de arroz integral y algas kombu. Pero la mujer fue incapaz de seguir sus consejos; decía que las cáscaras del arroz integral se le quedaban pegadas entre los dientes. Raschimura, muy serio, le dijo que si no le hacía caso no podría hacer nada para ayudarla. También le dijo que su enfermedad la había provocado ella misma, y que ahora estaba tan acostumbrada que no quería liberarse de ella, y que la aprovechaba para reclamar la atención de su familia.

Después de aquello, la madre de Jordi no quiso volver a visitarse. Murió poco tiempo después.

Jordi decidió entonces que había llegado el momento de dar un giro a su vida: dejó el trabajo, fue a ver a Raschimura y le dijo que quería trabajar para él. Raschimura lo colocó durante un tiempo en el restaurante de la calle Rosselló, y luego lo puso a fabricar alimentos dietéticos. La mujer de Jordi, que era enfermera, comenzó a trabajar en la clínica de Sant Cugat.

Aunque formaban parte del grupo de Raschimura, Jordi y su mujer no se habían integrado del todo en la comunidad, y seguían viviendo por separado en su piso de siempre. Pero a Jordi aquello ya le estaba bien. Era principios de los años ochenta y Jordi parecía que había encontrado por fin el camino para llegar a aquella felicidad que tanto anhelaba. Él y su mujer esperaban además el nacimiento de su primera hija. Cuando tenía un mes, la llevaron ante Raschimura. Al maestro se le iluminó la cara al verla. Pidió cogerla en brazos, y a Jordi —sin saber por qué, como una especie de presentimiento— aquello no le gustó. Pedro miraba a la niña con una gran alegría, como si fuera hija suya.

Y entonces todo saltó por los aires. El caso Raschimura irrumpió en la prensa y la policía entró en la masía y en la clínica de Sant Cugat. Pedro ordenó la disolución del grupo y desapareció. La única cosa que le dijeron a Jordi era que, si quería seguir con ellos, tendría que ir a buscarlos a Londres.

Y Jordi lo hizo. Lejos de quedarse de brazos cruzados o volver a su vida gris de antes, se armó de valor y se lo tomó como una prueba de superación personal. Había llegado a un cruce y tenía que tomar una decisión que afectaría radicalmente al resto de su vida. Después de pensar en ello, se dijo que debía ser capaz de superar sus miedos, romper de una vez por todas las cadenas que toda la vida lo habían tenido atado a aquella vida impersonal y vacía. Así que, con su mujer y su hija, cruzaron la frontera con Francia por La Jonquera, de allí viajaron hasta Calais, donde cogieron el ferri hasta Dover, y de Dover fueron en autobús a Londres, para reunirse con su nueva familia.

*

En Canadá, en el rancho de Rock Creek, había una casa que era para Pedro. En otra —la más grande— era donde vivían los niños más pequeños y las madres, a excepción de Dolores, que siempre mantuvo una relación complicada con las otras mujeres de Pedro. Finalmente, había algunas casas más para el resto.

Los más madrugadores eran Jordi y otro de los discípulos del grupo, que se levantaban a las seis de la mañana para poner en marcha el generador. A las siete y media se levantaba la hija mayor de Pedro, Gimena, que se ponía a afinar el violín. El sonido delicado del «la» servía de despertador para el resto de los niños, que entonces practicaban música y danza durante dos horas antes de reunirse todos juntos para desayunar.

Por la noche, cuando los niños dormían en sus habitaciones, los adultos se reunían alrededor de la chimenea y hacían repaso de la jornada y planificaban el día siguiente: repasar las vallas, ir a comprar balas de paja para los caballos, acompañar a los niños mayores a las clases de música y danza, ir a Vancouver a hacer la compra semanal, etcétera.

113

Por la mañana, comían copos de cereales, cebada y arroz, pan con miso y una pieza de fruta. En las dos comidas principales del día había un cincuenta por ciento de arroz integral, condimentado con salsa de soja, sésamo molido con sal, legumbres variadas cocinadas con verduras y algas kombu, tofu o seitán como proteína, pan y fruta. Solo comían carne cuando, alguna vez, por accidente, se mataba a un ciervo en la carretera. Elaboraban su propia leche de soja, y también producían queso con la leche que les daban las cabras. Y tenían un gallinero, que les daba huevos frescos.

Una vez, uno de los hijos de Pedro estaba persiguiendo a las gallinas cuando uno de los gallos le dio un picotazo en un dedo. Se trataba de un gallo blanco que era famoso por su mala leche, y que ya había ocasionado problemas con anterioridad. El niño salió llorando a buscar a su padre. Pedro lo miró de arriba abajo, visiblemente ofendido; lo cogió de la mano y lo condujo hasta donde estaba el gallo.

—¿Es este? —le preguntó al niño, señalando al culpable.

Entonces agarró al pobre animal por el cuello, lo blandió en el aire y lo estampó contra una pared. Aquella noche, cenaron pollo asado. Pedro se comió los testículos del gallo.

Pedro solía mantenerse apartado del resto de la comunidad. Tenía su espacio para meditar. A veces, se retiraba a su cámara personal y no salía durante quince o veinte días, durante los cuales solo Paloma Lago podía entrar para llevarle la comida —cebada hervida y caldosa, a veces acompañada de un trozo de pan que hacían ellos mismos en un horno de leña—. Siempre tenía alguna nueva idea o algún nuevo proyecto en mente, y siempre estaba buscando nuevas maneras de ponerse a prueba. Durante un tiempo, Pedro llevó atados a las muñecas unos pesos; en otra época, llevaba una plancha metálica y la iba golpeando todo el día, para fortalecer los nudillos; o quizá se proponía no decir palabrotas durante un mes (era bastante malhablado).

Aunque con sus siete mujeres y sus hijos tenía una relación más íntima, con los discípulos mantenía un gran distanciamiento. Casi no los veía, y se comportaba de manera fría con ellos. En la relación con sus mujeres se mostraba receloso. Parecía el jefe de una extraña tribu de aborígenes. Las siete iban siempre bien tapadas; solían llevar falda y además unos pantalones debajo. El gran líder era celoso, y vigilaba atentamente cualquier acercamiento entre ellas y los demás hombres del grupo. En cierta ocasión, uno de los hombres, que se llamaba Jesús, apareció con unos pantalones ceñidos que Raschimura encontró excesivamente provocadores, y le soltó una bronca que no olvidaría jamás.

Solo cuando él concertaba una reunión, todos acudían a verlo y a oír lo que les tenía que decir. Estas grandes reuniones tenían lugar una vez al mes o cada quince días, normalmente después de los recesos. Pedro Vivancos las llamaba «enseñanzas». Él se sentaba con las piernas cruzadas en la posición del loto y hablaba a sus discípulos —a su familia— de todo aquello en lo que había estado meditando. Les hablaba del egoísmo de los hombres y del verdadero sentido del amor, y les explicaba los nuevos proyectos que había estado cavilando para la hermandad. Como ya hiciera antes, cuando vivían en Cataluña, ordenaba grabar sus discursos en casetes, y en algún lugar del mundo debe de haber decenas de estas cintas con sus palabras.

*

Recapitulemos: el grupo había viajado al Reino Unido y a Canadá, había comprado dos terrenos —uno de ellos inmenso—, y tenía caravanas de última generación. Además, habían construido varias edificaciones y una piscina. Todo esto, naturalmente, supone mucho dinero. Por descontado, cuando llegaron a Canadá, Pedro y compañía llevaban los bolsillos llenos. La venta apresurada de una de las casas de Paloma, más las ganancias acumuladas con los múltiples negocios de la sociedad Raschimura, les fueron de gran ayuda para empezar una nueva vida en aquella extraña tierra prometida en la otra punta del mundo. Pero aquel dinero no era suficiente para mantener todas las propiedades y las necesidades de la familia durante tantos años. Aunque la mayoría de sus vecinos se mostraba en contra de ellos, en Rock Creek también había dos grandes defensores del grupo: los hermanos James y Haven Nobles, que tenían una empresa de cemento y que no dudaban en asegurar que la comunidad de Raschimura eran sus mejores clientes. Los hermanos habían hecho para ellos todos los trabajos de hormigón y de excavación, habían reparado los vehículos de la comuna y les habían construido la piscina y el establo.

—Estamos tratando con grandes cantidades de dinero, aquí —decían—, y siempre pagan a treinta días.

Después había extravagancias como esta: el 12 de marzo

116

de 1991 las Vivancas compraron un antiguo barco pesquero oceánico en una subasta policial por doscientos setenta mil dólares, que pagaron en efectivo. Más allá de todo esto, mantener a cuarenta hijos cuesta dinero, si bien es cierto que vivían con muy poco: seguían una dieta espartana y lo compraban todo de segunda mano.

¿De dónde salía el dinero para financiar todo aquello?

La respuesta a esta pregunta es imposible de adivinar. Otra cosa que se le debe reconocer a Pedro Vivancos es que siempre tuvo una gran perspicacia empresarial. Tras todas aquellas ideas sorprendentes (a veces directamente estrambóticas) había una habilidad notable para identificar oportunidades rentables y convertirlas en negocios lucrativos. La clínica, los consultorios, los restaurantes, los productos macrobióticos… Siempre había sabido cómo hacer dinero. Su cabeza estaba buscando ideas nuevas continuamente; le encantaba embarcarse en nuevos negocios. En Sant Cugat se había asociado incluso con una tienda de fotografía. Pero de entre todos estos proyectos, el que puso en marcha en Canadá es el más inesperado de todos, y no solo eso: es probable que fuera uno de los más rentables.

La cosa había ido así: Hacía poco tiempo que Pedro y su séquito habían llegado a Canadá. Viajaban con sus caravanas por aquellas tierras remotas —los imagino levantando una gran polvareda con su hilera de vehículos bajo un sol frío y radiante— cuando se detuvieron en un aparcamiento a hacer un descanso. El emplazamiento estaba situado en la base de una pequeña colina, de donde se había desprendido pocos días atrás un enorme bloque de piedra maciza, que había rodado hasta el centro mismo del aparcamiento.

Entonces Pedro tuvo una idea. Acercó una de las caravanas hasta que el parachoques tocó aquella inmensa roca y luego hizo unas fotos de la escena. Y se inventó una historia: la historia del padre Iván, una fábula maravillosa acerca del poder de la fe y los designios de la providencia. Un hombre —el padre Iván, en adelante interpretado por el propio Vivancos— conducía despreocupadamente cuando la Virgen María o el Espíritu Santo o quizá Jesucristo en persona se le aparecieron y le ordenaron que se detuviera justo a tiempo para salvarlo de la caída fatal de un trozo de montaña que, de otro modo, los hubiera aplastado y convertido, a él y a su caravana, en un puré de chatarra y restos humanos. ¡Oh milagro! Abrumado y agradecido por aquella intervención divina, el padre Iván había jurado dedicar su vida a honrar a nuestro creador y extender su mensaje por todo el mundo. ¿Cómo, exactamente? Pues ni más ni menos que resucitando el antiguo arte de manufacturar iconos religiosos.

Este era el gran negocio: ¡fabricar iconos religiosos! Los iconos religiosos —que no son otra cosa que representaciones artísticas (habitualmente una pintura) de imágenes sagradas como las de Jesús, la Virgen María, algún santo o una escena bíblica— tienen un papel muy importante en la praxis religiosa del cristianismo ortodoxo oriental y la Iglesia ortodoxa griega, donde el icono, de hecho, acompaña la oración de los fieles. Los pintores que las fabrican a menudo trabajan en monasterios o iglesias, y en algunas de estas tradiciones su profesión se considera sagrada. Pedro Vivancos —o quizá debería decir el padre Iván— había visto en todo aquello, quién sabe cómo ni por qué motivo, la enésima y definitiva oportunidad de hacer dinero. Y lo más sorprendente es que la cosa funcionó de maravilla.

Pedro quería que sus iconos tuvieran algo especial, único, quería que fueran casi auténticos iconos bizantinos. Por ello envió a Isabel Sánchez Reynaud a Francia para que estudiara la técnica original que se utilizaba durante la época del Imperio bizantino para fabricar este tipo de piezas artísticas. Isabel, una de las discípulas de mayor confianza de Raschimura, era francesa, estaba licenciada en Historia y tenía conocimientos sobre arte. Pedro insistió sobre todo en aquel aspecto clave: tenían que aprender las técnicas tradicionales con las que se elaboraban aquellas pinturas.

No llevaban ni dos años en Canadá cuando el grupo puso en marcha su propia compañía de fabricación y venta de iconos, que llamaron Kos Icono's Atelier, y que por descontado estaba constituida por las mujeres de Pedro Vivancos, sus discípulos e incluso algunos de sus hijos, que ya tenían edad suficiente para entrar a formar parte del negocio familiar. Trabajaban sobre madera, después de aplicar capas y más capas de yeso que pulían con mucho cuidado. Hacían el dibujo encima y luego lo pintaban con pinturas que ellos mismos fabricaban, utilizando yemas de huevo y pigmentos naturales. Isabel Sánchez se encargaba de dirigir y supervisar la cadena de montaje. Cada uno se ocupaba de algo: uno pintaba los ojos de la Virgen María, otro las cejas, etcétera. Utilizaban pan de oro para resaltar los elementos importantes de la imagen y dotarla de aquella aura consagrada.

Una vez que tuvieron el taller en marcha y las primeras obras a punto, Pedro Vivancos elaboró un pequeño catálogo a todo color explicando la fábula del padre Iván y la roca caída del cielo. El catálogo es notable por las raras imágenes de Pedro, que aparece en blanco y negro, un hombre de mediana edad, de facciones austeras y atractivas, con un aire que recuerda a Leonard Cohen. Se lee: «La vida del padre Iván es una plegaria; bajo su sabia y gentil dirección se están formando sesenta iconógrafos al exigente servicio al icono».

La venta de cuadros no se hacía en Canadá, sino en Estados Unidos, y en particular en el área metropolitana de Nueva York, donde existía y todavía existe una numerosa comunidad de cristianos ortodoxos. En 1991 enviaron su primer cargamento: trescientos iconos que se esperaba que generaran un total de 1,6 millones de dólares en ventas. En una entrevista poco después al *Vancouver Sun*, Paloma Lago y Rosa Soler —que eran las dos grandes matriarcas del grupo, y las que gestionaban el dinero y el día a día de los negocios de la familia— aseguraban que la manufactura y venta de iconos religiosos ya les estaba haciendo ganar centenares de miles de dólares, y que pronto estarían ganando millones. Algunos iconos iban a coleccionistas de arte privados, pero la inmensa mayoría los compraban las iglesias ortodoxas, tanto griegas como orientales. Kos Icono's Atelier ofrecía además la opción de pagar las efigies a plazos. Los cuadros —habitualmente, pinturas de gran formato de la Virgen María o de Jesucristo— se vendían a un precio que oscilaba entre los tres mil y los nueve mil dólares. Un recibo del grupo a una distribuidora muestra seiscientos sesenta mil dólares pagados por una carga de iconos.

*

El negocio de los iconos, desgraciadamente, no duró mucho tiempo. Cuando se trasladaron de la isla de Mayne a Rock Creek, en aquel valle perdido en medio de la nada, conseguir materiales y exportar las obras se volvió muy costoso. Pero aparte del negocio familiar, los miembros de la comunidad procuraban encontrar otras maneras de ganar dinero. Algunos discípulos, por ejemplo, pasaban temporadas trabajando en algún bar o restaurante de la localidad. Raschimura había ideado un sistema tal que hacía que todos los miembros de la comunidad supiesen qué había aportado cada uno de ellos aquella semana. Como todos querían ser bien considerados, se esforzaban por destacar, o al menos por no ser el último de la lista.

En una ocasión, Jordi Mengual sufrió un accidente laboral mientras trabajaba en un restaurante. Mientras manipulaban las bandejas con la comida, a él y a otro compañero se les derramó un combustible encendido (un derivado del petróleo que utilizaban para mantener calientes las bandejas) en las manos. La mano de Jordi Mengual se incendió, y no dejó de arder hasta que no se la cubrieron del todo con paños húmedos. Mientras el compañero era trasladado a un hospital, Jordi fue inmediatamente a ver a Pedro. El maestro, con mucha calma, mientras hablaba con otras personas, le dijo que se sentara a ver la televisión con él y sus mujeres. Después pidió que pusieran un paño humedecido con agua y arcilla blanca cubriendo la herida. Al cabo de un rato le preguntó:

—¿Qué quieres hacer, que te lleven de urgencias al hospital o que te cure yo?

Jordi le dijo que prefería que lo hiciera él. Lo había visto curar a muchos pacientes en las clínicas de Sant Cugat y Barcelona y confiaba plenamente en él. Pedro Vivancos, mientras examinaba la herida, le explicó que hacía unos años había desarrollado un método para curar quemaduras que no necesitaba pomadas ni productos químicos y que no dejaba marca.

Cuando la quemadura cicatrizó por completo, Jordi volvió al restaurante. El otro empleado que también se quemó aún seguía de baja. A este, posteriormente, le quedó una cicatriz considerable en la mano; a Jordi, nada de nada. Orgulloso del trabajo que había hecho con su herida, Pedro Vivancos mostraba los resultados a todos los miembros de la comunidad.

*

Además de estas fuentes de ingresos, Pedro Vivacos disponía grupos de trabajo externo: enviaba a algunos de sus discípulos a lugares como Los Ángeles o Nueva York a ganar dinero. Los motivos de estos viajes son un poco oscuros. Era como una especie de reto para los discípulos, como cuando los envió a Londres o les ordenaba robar en El Corte Inglés. Los discípulos debían abrirse paso en un mundo desconocido, y en aquella aventura aprendían cosas nuevas y hacían a su vez un descubrimiento sobre ellos mismos. Por otra parte, en Estados Unidos se podía ganar más dinero que en Canadá.

En una ocasión, Pedro envió a algunos discípulos a Nueva York a buscarse la vida. Pocos días después, mandó llamar a Jordi Mengual, le dio cien dólares y un billete de avión y le dijo: «Irás a Los Ángeles, buscarás un trabajo y, cuando lo hayas conseguido, me llamas».

Jordi hizo la maleta con lo indispensable y se fue al aeropuerto de Vancouver, donde cogió un avión que lo llevó hasta Los Ángeles. Pocas horas después, se encontraba perdido por los barrios bajos de aquella gran ciudad, solo, prácticamente sin dinero, sin entender el idioma y sin saber muy bien qué era lo que tenía que hacer. Echó a andar y alguien le ofreció droga, que él rehusó. Empezó a encontrarse mal. Entró en una tienda de víveres para comprar algo para beber, y se dio cuenta de que la pareja de tenderos hablaba en español. Jordi les preguntó de dónde eran, y el hombre le respondió que él era de Asturias. Cuando Jordi les explicó la situación de precariedad en la que se encontraba, la pareja se apiadó de él y le invitó a pasar la noche en la habitación que tenían alquilada en un motel de mala muerte. Aquella noche, Jordi oyó gritos y golpes en la puerta, y a un grupo de policías recorriendo los pasillos del motel.

Al día siguiente decidió que allí no había nada que hacer,

así que cogió un autobús hasta Santa Mónica, y, como si se sintiera llamado o movido por el puro instinto o por el destino, se puso a caminar con decisión hacia la playa y avanzó por el paseo marítimo, siguiendo las indicaciones que le dictaba su intuición, hasta llegar a un restaurante donde justamente necesitaban, y con urgencia, un ayudante de cocina. Comenzó a trabajar al día siguiente, y siguió trabajando allí durante los tres meses que siguieron, viviendo con lo mínimo y reuniendo tanto dinero como podía para enviarlo a la comunidad.

Entonces, en una llamada desde Canadá, Pedro le dio una nueva orden por sorpresa: le dijo que dejara el trabajo, hiciera de nuevo las maletas y marchara a Nueva York, donde había algunos otros discípulos, y donde parecía que había más oportunidades para prosperar. Allí, Jordi comenzó trabajando de ayudante de camarero (de *busboy*, como le dicen los americanos) en un local cualquiera, pero con aquello no tenía suficiente. Jordi había decidido que quería aspirar a más. Era un trabajador firme, atento e incansable, y con el tiempo fue escalando posiciones y cambiando de trabajo siempre que encontraba una buena oportunidad de mejorar su sueldo. En Manhattan, donde estuvo dos años, acabó trabajando en el Sparks Steak House, cerca de Madison Avenue, uno de los restaurantes más caros de la ciudad.

Jordi, de hecho, acabó siendo el miembro del grupo que aportaba más dinero a la comunidad. Se mataba a trabajar, y todo o prácticamente todo se lo entregaba a Raschimura. Cuando él le decía que se fuera allí, él iba; cuando le ordenaba que dejara aquello y volviera hacia ahí, él obedecía sin rechistar. Aun así, a veces daba la impresión de que lo único que recibía a cambio eran muestras de desprecio por parte del gran patriarca. La relación que mantenían no era en absoluto una relación de igual a igual. Había una persona que dominaba y una persona que obedecía. Jordi se sentía menos capacitado que Pedro, tanto física como espiritualmente. Pedro, por su parte, daba la sensación de que sabía perfectamente que lo tenía en sus manos, y que podía hacer con él lo que quisiera. Durante un invierno, por ejemplo, mientras todo el grupo marchaba a la isla de Mayne para evitar el frío inclemente del valle, Pedro ordenó a Jordi que se quedara solo a vigilar el rancho de Rock Creek, donde las temperaturas llegaban a veintiséis grados bajo cero. Hacía tanto frío que un día el coche no arrancó y Jordi tuvo que caminar los quince kilómetros que lo separaban del pueblo más cercano.

En otra ocasión, Raschimura rebautizó con sobrenombres a todos los miembros de la comunidad, diciendo que tenían una valía especial y que por eso les daba un nombre nuevo y mejor. Pero a Jordi no le puso ningún nombre, sino que le dijo que seguiría siendo Jordi. Y cuando otorgó una piedra a cada uno de sus hijos y discípulos —la turquesa, la amatista, el rubí— a Jordi le dijo que, de ser una piedra, él sería una de esas piedras que se encuentran entre las vías del tren, y que solo sirven para mantener los raíles en su lugar.

Desde fuera, resulta difícil no ver en todo esto un abuso psicológico por parte de Pedro Vivancos, no solo hacia Jordi, sino hacia sus seguidores en general. Años después de toda esta historia, después de que el grupo se deshiciera y él regresara a Barcelona, con la perspectiva que otorga el tiempo, Jordi recordaría su relación con Pedro con reservas y una gran ambigüedad. Había vivido buena parte de su vida bajo la sombra de Pedro Vivancos, siguiendo sus órdenes, sacrificándose constantemente por él y por el grupo, y parecía como si nunca hubiera recibido un agradecimiento justo. Pero no se arrepiente de nada de lo que hizo, y en realidad no tiene motivos para hacerlo. Porque gracias a aquello ha vivido una vida llena de aventuras y de retos, una vida más interesante que la mayoría de nuestras vidas, una vida con un propósito, y formó parte de algo más grande que él mismo. ¿Qué habría sido de él si no se hubiera ido con Raschimura, si hubiera seguido trabajando en aquel banco monstruoso, encajonado toda la vida entre aquellas pálidas paredes? Jordi cree que todo sigue una especie de plan preconcebido, que nada pasa porque sí, y que su vida siguió, al fin y al cabo, el único camino que podría haber seguido. A veces se pregunta si el desprecio que le dirigía Pedro no era por su propio bien. Raschimura solía decir:

—Encuentra un juez injusto y perfecciónate con él.

¿Y no era exactamente eso lo que había hecho Jordi?

*

Visto desde nuestra perspectiva, las ideas de Pedro a veces parecen extravagantes, pero quizá lo que pasa es que nuestra mente es demasiado estrecha; nos hemos habituado a pensar en pequeño. Lo que más cuesta entender es que los discípulos acataran con tanta naturalidad sus órdenes, pero su fe en él era muy grande. Una vez, por ejemplo, Raschimura tuvo la ocurrencia de que tenían que marcharse todos a vivir en un barco, y no un barco cualquiera. Quería que el grupo se construyera su propio barco, un barco enorme, que incluiría habitaciones para todos, una escuela y un dojo de artes marciales. Allí sería donde vivirían todos juntos, surcando los mares, atracando en los puertos de todos los lugares del mundo como una banda de piratas, en las costas del Atlántico, del Pacífico y del Índico, dando vueltas al globo terráqueo sin detenerse nunca. Con este propósito, Pedro Vivancos ordenó al discípulo Albert Martín —que además de un excelente guitarrista era aparejador— que fuera a estudiar Arquitectura Naval. Y Albert Martín se fue, el año 1987, a la isla de Terranova, a estudiar en la mejor escuela de Arquitectura Naval de Canadá. Aunque el proyecto bíblico de construir un arca e irse a vivir allí nunca llegó a materializarse, Albert se graduó en 1991, y acabó trabajando en una compañía que construía transbordadores en Vancouver, si bien entonces el joven ya se había distanciado de la comunidad.

Sea como fuere, el grupo hacía dinero. Pero todo aquel negocio insólito de los iconos religiosos, más los viajes imprevistos a otros lugares del mundo, acabaron de atizar las sospechas de las autoridades canadienses, que habían estado vigilando al grupo muy de cerca desde que habían puesto los pies en su territorio.

—No estamos satisfechos con las explicaciones que dan

de dónde proviene su dinero —afirmaba Rick Brummer, gerente del Centro de Inmigración de Canadá en Vancouver—. De momento no hemos visto nada que indique que se ha vendido un solo icono.

Según la agencia tributaria de Canadá, el dinero que el grupo declaraba en un año natural equivalía a una décima parte de lo que necesitaría una familia de aquellas dimensiones para simplemente sobrevivir un periodo de tiempo parecido. Los rumores de que en realidad se dedicaban al tráfico de drogas y que todo lo de los iconos no era más que una absurda tapadera enseguida se extendieron por la zona, y al final el propio Centro de Inmigración comenzó a dar crédito a todos aquellos rumores. Una revista local llegó a publicar un reportaje sobre el grupo del padre Iván que llevaba un título marcadamente sensacionalista: «Sexo, drogas e iconos religiosos».

Pero la realidad —más simple y a la vez más fabulosa— era que se ganaban la vida tal y como decían, con la honrada venta de aquellas cosas, dejando de lado los ingresos que aportaban los discípulos, y, claro, todas aquellas maledicencias y acusaciones podían hacer peligrar el negocio. Islahim Mercuro, miembro de la comuna, y que se había casado por conveniencia con una de las madres, intentó limpiar el nombre de la empresa y denunció públicamente que las acusaciones por tráfico de drogas podían afectar negativamente a la venta de iconos:

—La gente no compra arte religioso a narcotraficantes —afirmó, indignado, a la prensa.

Desde que habían llegado al país, Pedro Vivancos y compañía habían mantenido un intenso tira y afloja tanto con la prensa como con las autoridades del país.

—El Departamento de Inmigración abusa de nosotros como si fuera el KGB canadiense —dijo el mismo Mercuro.

La lucha del grupo por intentar obtener la ciudadanía canadiense, de hecho, duraría un tiempo récord. Al principio, al llegar a Canadá, las siete mujeres y algunos correligionarios habían cumplimentado las pertinentes solicitudes de asilo político, alegando persecución y acoso por parte de sus vecinos romanocatólicos en España por causa de su estilo de vida. Las siete mujeres explicaron a Inmigración que vivían en un matriarcado que no creía en el amor tradicional ni en ser posesivo. Sus creencias —declararon— tenían sus raíces en el sufismo, una rama mística del islam que celebra la unión con Dios a través de comportamientos poco convencionales, o a través de la música, la poesía, el arte o la danza, como las cofradías de derviches de Turquía. Laurin Mair, la abogada de las Vivancas, añadió, para dar mayor peso a la causa, que los iconos religiosos que manufacturaba la comunidad eran «un tesoro cultural único que debe preservarse». Respecto a Pedro Vivancos, las mujeres afirmaban que mantenía una relación amorosa con las siete, pero que no vivía con ellas desde 1987, cuando había abandonado la comuna, y que en ese momento desconocían su paradero. Paloma Lago añadió:

—Es una persona muy carismática, como puedes comprender, con siete mujeres.

Todo esto de la desaparición de Pedro Vivancos, por descontado, era mentira. Por orden expresa suya, por lo que fuera —por miedo o prudencia o simple recelo—, lo mantenían escondido de las autoridades.

Para acabar de complicarlo, cuatro de las siete madres se habían casado por conveniencia con cuatro hombres del grupo, entre ellos Islahim Mercuro, como ya se ha dicho —que había entrado en el país con un matrimonio de conveniencia previo con otra seguidora de Pedro Vivancos—. Los otros tres hombres eran Jordi Mengual, Arcadi Martínez y Joan Aldama.

Con todo, el Departamento de Inmigración desestimó la petición de asilo político al grupo, alegando que sus demandas por motivos humanitarios y compasivos no eran lo suficientemente sólidas. Las autoridades añadieron que España era una democracia y que el grupo podía volver sin miedo a ser perseguidos. En abril de 1991, no obstante, la Corte Federal de Canadá tumbó y anuló la resolución del Departamento de Inmigración, y las demandas del grupo fueron reconsideradas. Un mes antes, Rosa Soler y Paloma Lago, posando junto a uno de los iconos que fabricaban en la comunidad, aparecían en la portada del *Vancouver Sun*, que les dedicaba casi una página entera: «Una comuna lucha por obtener estatus de refugiado», decía el titular.

Sin embargo, en septiembre de ese mismo año, de repente, y justo cuando sus peticiones de asilo volvían a moverse, el grupo abandonó misteriosamente Canadá. Lo único que se sabía era que algunas de las Vivancas habían cogido un avión de las Canadian Airlines, junto con todos los niños, con destino a México. Se presentaron a la tripulación diciendo que eran profesoras de una escuela, y que por eso llevaban tantos niños con ellas. Estaba toda la multitud de descendientes: bebés, niños pequeños, adolescentes... La historia llamó la atención, entre otras cosas, porque las Vivancas rehusaron toda comida o refresco; se habían traído su propio alimento al avión. Y también porque perdieron una escala en Los Ángeles, y la compañía se acabó compadeciendo de ellas y les proporcionó un lugar para pasar la noche.

El caso es que, de un día para otro, y sin ningún motivo aparente, el rancho de Rock Creek había quedado desierto. Los oficiales de Inmigración ya se frotaban las manos; habían intentado contactar con ellos de todas las maneras posibles y no habían tenido éxito; dieron por hecho que ya no volverían a oír hablar de aquella conjura de polígamos iluminados, y que ya podían dar carpetazo al caso. El oficial de Inmigración Fred Rongham hizo unas declaraciones rudimentarias a la prensa:

—Somos conscientes del caso y si hubiera cargos criminales los investigaríamos a fondo. Pero por causa de las leyes de privacidad no podemos decir nada más.

Pero la realidad es que, uno tras otro, todo el grupo de Raschimura fue volviendo poco a poco a Canadá, y en menos de un año se encontraban todos de nuevo en Rock Creek. Nadie sabía qué habían ido a hacer a México, pero el viaje resultaría fatal. Sea como fuere, habían vuelto al punto de partida. Al final, aquel se convirtió en el caso más longevo en la historia de las demandas de refugio de Canadá.

*

El 3 de agosto de 1995, en Hove, una ciudad al sur de Inglaterra, Austin Rogerson, comisario a tiempo parcial del Brighton & Hove Albion Football Club y del Sussex County Cricket Club, asesinó a una prostituta en el apartamento que esta ocupaba ilegalmente, y que estaba situado en un segundo piso junto al mar. El hombre la degolló y le asestó varias puñaladas por todo el cuerpo. «Ha sido un ataque absolutamente brutal», dijo a la prensa el superintendente Paul Westwood, encargado de la investigación.

La mujer se llamaba Laura Rodríguez, tenía treinta y siete años y formaba parte del grupo de Raschimura. Aquel mes de junio había ido a Inglaterra, seguramente enviada por el propio Pedro Vivancos en uno de esos proyectos de trabajos externos. La chica, para ganar dinero, había estado ejerciendo la prostitución. No lo hizo por orden de Pedro (es importante resaltarlo). Había sido una idea que habían tenido entre algunas chicas del grupo; cuando se lo comentaron al maestro, él no les dijo que hicieran o dejaran de hacer nada: era su decisión. Entre sus pertenencias, los detectives británicos encontraron documentos con referencias a algunas de las mujeres de Pedro Vivancos, incluyendo algunos números de cuenta bancaria. Los detectives pasaron la información a las autoridades canadienses, y esta información llegó a manos de Rick Brummer, gerente del Centro de Inmigración de Canadá en Vancouver, que hacía diez años que investigaba atentamente a aquella peculiar comunidad, y que siempre había sospechado que escondían algo.

De golpe, Rick Brummer lo vio claro. Se le había encendido una bombilla dentro de la cabeza. Por sus investigaciones previas, sabía que otra mujer del grupo, Dominique Beaulne —que se había casado con Islahim Mercuro con el fin de facilitarle la ciudadanía canadiense, antes de que este se casara con una de las siete madres—, había trabajado también como prostituta en Londres. A partir de ahí, solo era cuestión de sumar dos y dos. El negocio de los iconos era definitivamente demasiado fantástico para ser verdad. ¿Quién se podía creer aquella historia? Para Rick Brummer, era evidente que se trataba de un astuto ardid para camuflar la fuente verdadera de todo aquel dinero: la prostitución.

Y esta es la película que se montaron los de Inmigración. En el año 1997, más de una década después de que el grupo llegara a Canadá, Rick Brummer elaboró un informe de veinte páginas donde presentaba sus conclusiones definitivas. Sus dos tesis principales eran que los matrimonios dentro del grupo eran matrimonios de conveniencia y que Pedro Vivancos y sus siete mujeres manejaban los hilos de una red de prostitución internacional.

El 16 de mayo apareció un reportaje en el diario *The Province*, que llevaba el título «*Sex cult commune "a crime family"*».

—Creemos que este grupo está encabezado por un solo hombre, el señor Pedro Vivancos —declaró al diario el gerente Brummer—. Ha creado una familia criminal organizada en forma de pirámide con él mismo en lo más alto seguido de las siete mujeres en las que confía, y con sus hijos y toda su riqueza material de grandes propiedades y promociones inmobiliarias.

Casi tres años antes, el 21 de noviembre de 1994, Paloma León, Dolores Sayos y Pedro Vivancos —que tenía por entonces cincuenta y seis años— habían sido arrestados con cargos de inmigración ilegal en un piso cerca del Burrard Street Bridge de Vancouver. Se presentaron todos en el juzgado, donde se les dio orden de abandonar Canadá en un plazo máximo de treinta días.

En su desafortunado informe, Rick Brummer aseguraba que desde entonces no tenía constancia de que nadie hubiera visto a Pedro Vivancos en tierras canadienses, y no solo eso, sino que las mujeres afirmaban que el gran patriarca había muerto, pero que, a su juicio, todo aquello solo era un nuevo truco para tratar de engañarlos, y que era muy probable que aquel personaje siniestro que se hacía llamar el padre Iván hubiera vuelto a Canadá y estuviera en ese momento en Rock Creeck.

Pero lo cierto es que no se trataba de ningún truco.

Por entonces ya hacía un año que Pedro Vivancos había muerto.

6. Nacidos para bailar

Mi padre es un apasionado del cine. Recuerdo que, cuando éramos pequeños, a mis hermanas y a mí, en vez de cuentos, por la noche nos explicaba películas. Tengo grabada en la memoria aquella escena de *Espartaco* en la que Kirk Douglas afronta su primer combate en la arena: el gladiador novel debe luchar contra un africano temible e inmenso, que va armado con una red lastrada y un tridente, y que no tarda en desarmar y enviar al suelo al protagonista, que puede sentir las tres puntas de la lanza acariciándole el cuello. El impertérrito vencedor mira entonces hacia el palco, a la espera del veredicto, y el cónsul o senador o lo que sea que preside el espectáculo le indica —volteando el pulgar hacia abajo después de un minuto cargado de suspense— que el perdedor debe morir. Pero el africano, después de otro minuto eterno, decide rebelarse: da media vuelta y lanza el tridente hacia las gradas, y el hierro atraviesa el pecho desprevenido del déspota, me parece, o quizá falla el tiro, no lo tengo claro. Tampoco estoy seguro de que el resto de la escena transcurra exactamente como he relatado. Así es como yo la recuerdo, o como yo recuerdo que me la explicara mi padre, en todo caso —imitando las muecas de los personajes, reproduciendo el gesto dramático con el pulgar—. Me parece que nunca he visto la película.

Los domingos mis padres iban siempre al cine, sin falta, aquello era como ir a misa. Mis hermanas preferían quedarse en casa o con los abuelos, pero a mí me encantaba ver películas y siempre escogía acompañarlos. Íbamos al antiguo cine Pedro IV, un inmenso bloque gris asentado sobre columnas de hormigón en medio de una plazoleta desierta, en el barrio del Besòs, cerca de la rambla Prim. Por descontado, nunca comprábamos bebida, aún menos palomitas o una bolsa de patatas, aquello hubiera sido un sacrilegio. Estábamos allí para ver cine, para estudiarlo, para saborearlo y aprender, para hacer una crítica meditada de la película de vuelta a casa, no para comer. Yo entonces era un crío, pero aquello era indiferente: no iba a ver películas de dibujos o tonterías para toda la familia, quiero decir. Íbamos a ver la última de Scorsese, la nueva de Polanski, a los prometedores hermanos Coen. Recuerdo haber visto allí *Presunto inocente*, por ejemplo, la adaptación de la novela de Scott Turow, que arranca con Harrison Ford en una escena tórrida con la actriz Greta Scacchi. La película es del año 1990, por lo que yo no podría tener más de seis o siete años, pero allí estaba, absorto en la pantalla, intentando seguir una trama judicial endiablada sin ni siquiera un cartón de palomitas en las rodillas. Allí vi también *Bailando con lobos, Terminator 2, Sin perdón, El silencio de los corderos, Casino, Fargo.*

En casa teníamos estantes repletos de cintas VHS con películas de Billy Wilder, Nicholas Ray, Joseph L. Mankiewicz, Otto Preminger. El estante superior de la gran estantería blanca del vestíbulo, que nos hacía de biblioteca, estaba dedicada al cine: monografías sobre John Ford y Orson Welles, la historia del cine de Georges Sadoul y la de Román Gubern, y naturalmente *El cine según Hitchcock*. En el estante inferior estaban todos los números de la revista *Fotogramas* desde 1984 encuadernados. Cuando veíamos alguna película alquilada en el comedor —lo cual hacíamos, me parece, casi cada noche—, mi padre nos ilustraba con alguna anécdota poco conocida o nos señalaba algunos detalles inapreciables para el gran público: un gesto intencionado del protagonista, el nuevo encuadre, un movimiento de cámara revelador.

De joven, mi padre había querido dedicarse al cine. Supongo que soñaría con convertirse en un gran director, todo el mundo tiene grandes sueños a esa edad. Cuando terminó el COU comenzó a estudiar en la EMAV y luego fue al Instituto del Teatro. Él había cursado el bachillerato en la academia Uni-tec, en la Rambla Catalunya. Allí tenía todavía muchos de sus amigos, entre ellos un chico que estaba repitiendo COU en aquellos momentos, que acababa de conocer entonces, y que era también un cinéfilo declarado.

Le llamaban Pepe. Era un chico un poco más bajito que él, inteligente y curioso. No tardaría en convertirse en su mejor amigo, y lo sería para toda la vida. Cuando terminó el COU, Pepe también entró a estudiar cine en el Instituto del Teatro. Aquellos fueron los años de *El Padrino*, de *Chi-*

natown, de *Aguirre, la cólera de Dios*, de *Serpico*. Durante aquel tiempo y los años que siguieron, los dos aspirantes a cineastas rodaron algunos cortometrajes, y vivieron un tiempo en París y en Cannes, y luego se marcharon a Madrid, el único lugar de España donde se hacía cine en aquella época. Estuvieron allí cerca de un año. Durante ese tiempo malvivieron en un pisito desmadejado y participaron en algunos rodajes. Pero con el paso de los meses se empezó a hacer evidente que finalmente había llegado la hora de recoger velas. El sueño de convertirse en cineastas no se cumpliría nunca, pero en el camino habían ganado algunas cosas que seguramente son más importantes. Un día hicieron de nuevo las maletas y regresaron a casa.

De vuelta a Barcelona, mi padre se casó y acabó llevando una tintorería en la Rambla del Poblenou, en un local que era propiedad de mi abuelo. Pepe vivió un tiempo en Estados Unidos, pero luego regresó a la ciudad, donde abrió una tienda de bisutería. Con los años, mi padre acabó siendo taxista, y Pepe se hizo chófer.

*

Pepe tenía dos hijos de mi edad, y cuando éramos pequeños a menudo iba a jugar a casa de ellos o ellos venían a nuestra casa. Pepe y su mujer habían tenido dificultades para tener un hijo. Al final fueron a Chile a adoptar, y justo cuando ya habían firmado los papeles descubrieron que la mujer estaba embarazada. Total, que de repente se vieron con dos niños, casi de la misma edad, pero muy diferentes físicamente. A medida que nos hicimos mayores, los hijos y yo terminamos perdiendo todo el contacto, pero mi padre y Pepe siempre mantuvieron una amistad estrecha, y a menudo quedaban para comer en casa del uno o del otro, y a veces coincidíamos todos juntos.

Todo esto lo explico porque, cuando tenía diecisiete o dieciocho años, hacia el año 1971, justo por la época en que debía conocer a mi padre, Pepe había empezado a ir a clases de artes marciales y de guitarra a una especie de gimnasio multidisciplinario de Sant Cugat. Era la escuela de Pedro Vivancos, con quien Pepe estuvo incluso viviendo un tiempo. Era justo al comienzo de todo aquello. Para ayudar a sacar adelante el negocio de Pedro, Pepe fabricaba bisutería, y también se encargó una temporada de llevar la tienda de fotografía con la que aquel se había asociado.

Pepe tenía una hermana cuatro años mayor que él. Era una chica inteligente pero introvertida, y Pepe pensó que sería buena idea que se apuntara a la escuela y conociera a Pedro y al resto del grupo. Cuando Pedro Vivancos regresó de su viaje a Japón convertido en Raschimura, y la disciplina dentro de la escuela se volvió más severa y extraña, Pepe se distanció de todo aquello, pero su hermana se quedó allí, y él no pudo hacer nada para apartarla. La hermana de Pepe era Rosa Soler, que se convertiría en la segunda de las mujeres de Pedro Vivancos.

Pepe se arrepentiría siempre de haberla llevado allí. La hermana acabó perdiendo todo contacto con la familia, y aquello destrozó a sus padres. Cuando, muchos años más tarde, murió Pedro Vivancos, Rosa regresó a España y se reencontró con su hermano, a quien no había visto en todo ese tiempo. Mis padres acompañaron a Pepe a aquel peculiar reencuentro.

Sea como fuere, es por todo esto que yo había conocido desde siempre, de una manera muy imprecisa, la historia de Pedro Vivancos. Cuando era adolescente, había incluso jugado con alguno de sus cuarenta hijos. Cuando decidí escribir el libro, la primera persona con quien fui a hablar fue con Pepe. Nos vimos dos veces, en su casa de L'Ametlla. La primera, en enero de 2023, y luego otra vez a mediados de febrero. Como es natural, Pepe no guardaba buen recuerdo de Pedro. Se notaba el resentimiento que sentía hacia él.

La primera vez que nos vimos estuvimos hablando dos largas horas. Entre otras cosas, me explicó la siguiente anécdota:

En una ocasión —no debía hacer mucho que Pepe iba a clases con Pedro—, se presentó un chico nuevo en la escuela, diciendo que quería mejorar con la guitarra. Pedro Vivancos lo hizo sentarse en una silla y le dijo que le enseñara qué sabía hacer. Mientras el chico rascaba tímidamente algunos acordes, Pedro comenzó a mirarlo fijamente, muy fijamente, mientras se le iba acercando poco a poco, hasta ponerle la cara casi pegada a la suya. El chico, intimidado, le preguntó qué caray estaba haciendo, y Pedro le respondió: «Estoy entrando dentro de ti…».

El chico salió escopeteado de allí. Entonces Pedro Vivancos se volvió hacia Pepe, lo miró, levantó una ceja maquiavélica y soltó una risotada.

—Era un hijo de puta —me dijo Pepe.

*

En enero del año 2008, la compañía Los Vivancos presentó en el Teatro Tívoli de Barcelona el espectáculo *Siete hermanos*. La compañía la formaban, en efecto, siete hermanos, de edades comprendidas entre los veinticuatro y los treinta y un años. En el cartel promocional del espectáculo aparecían los siete con tejanos y sin camiseta, luciendo abdominales, haciendo cada uno una pirueta. El mayor se llamaba Elías; lo seguían Judáh, Josuá, Cristo, Israel, Aarón y Josué. Cuando en la prensa les preguntaban por aquellos nombres tan curiosos, contestaban:

—Cosas de nuestro padre, que era muy creativo.

El show que ofrecían, y que estaba recibiendo buenas críticas allá donde pasaba, prometía una mezcla de ballet, danza flamenca, música, circo y artes marciales.

Los hermanos habían formado la compañía un año antes y aquel era el primer espectáculo que montaban. Habían hecho el primer estreno en Tel Aviv, y luego habían invertido todas las ganancias en llevar el espectáculo al teatro Calderón de Madrid. A partir de allí, comenzaron a llevar el show por todo el mundo. Después seguirían las producciones *Aeternum* (2012) y *Nacidos para bailar* (2016), que los han llevado a actuar, en estos últimos años, en algunos de los teatros y festivales más importantes del mundo, incluido el London Coliseum, el Auditorio Nacional de México, el Evening Stars Festival de Nueva York o el Liceo de Barcelona. En 2014 actuaron en el Kremlin, ante Vladimir Putin, en el acto de clausura de una temporada que rompió récords de taquilla en Rusia.

La princesa Estefanía de Mónaco, después de verlos actuar en París, los invitó personalmente a participar en el prestigioso Festival du Cirque de Montecarlo. Al parecer, la princesa estaba encantada con los chicos. Mientras estuvieron en Mónaco, se encontraron bajo su ala protectora. Los llevó por todas partes, en coche oficial y con guardaespaldas. Se rumorea —ellos mismos lo dan a entender en alguna entrevista— que hay algunas fotografías comprometidas de aquella noche.

Los hermanos tienen fama de seductores, una fama que ellos mismos cultivan en las entrevistas y encuentros con la prensa. Se dice que por su cama han pasado algunas famosas. La prensa rosa relacionó a Israel con Ana Obregón, y de Aarón Vivancos se dijo que había tenido una aventura con Arancha de Benito, la ex de Guti. Cristo estuvo saliendo una temporada con la televisiva Miriam Sánchez, antigua actriz porno y asidua de los platós de Telecinco. Cuando cortaron, después de cinco años de relación, Miriam explicó en el programa *Sálvame Deluxe* que la vida con Cristo Vivancos se había acabado convirtiendo en un infierno, que el bailarín la obligaba a seguir una dieta extremadamente estricta y a hacer ayunos de hasta tres días, lo que le provocó un trastorno alimentario.

Dejando de lado todo este cotilleo, lo que es seguro es que todos tienen un gran talento. Josué, el más pequeño, fue becado por el Real Conservatorio Profesional de Danza de Madrid, donde se tituló con las notas más altas de la escuela, y ha sido premiado dos veces en el Certamen Coreográfico de Castellón de la Plana. Israel tiene el récord Guinness del zapateado más rápido del mundo: 1.317 toques de talón en un minuto. Josuá ha sido primer bailarín de la Compañía Nacional de Arte de Estados Unidos (Sección flamenco) y bailarín principal de la compañía de Joaquín Cortés con el espectáculo *De amor y odio*.

Una vez, cuando tenía veintitrés años, Elías fue protagonista en una página del *National Post* de Canadá. Al volver hacia Vancouver desde Las Vegas, donde se había reunido con un coreógrafo con quien trabajaba para un tour internacional, fue detenido en el aeropuerto de Kelowna y devuelto a su tierra natal, España. El artículo lo presentaba como la promesa número uno del mundo en la danza flamenca.

—Me siento totalmente discriminado —dice Elías a los reporteros—. Yo no tengo nada que ver con lo que hizo o no hizo mi padre. Él eligió su vida, como hace cualquiera.

Aunque el hecho de ser siete hermanos ya es bastante sorprendente, la realidad —como explican a la prensa— es que tienen treinta hermanos más. Hay toda una serie de detalles intrigantes en torno a la compañía, y los periodistas que los entrevistan —en *El Periódico*, en *La Vanguardia*, en RTVE, donde sea— intentan indagar en ellos. Una y otra vez les preguntan por su padre, pero no acaban de sacar nada en claro. Los hermanos se deshacen en elogios hacia él. Se nota que sienten hacia su difunto padre una gran admiración.

—Nuestro padre era una máquina —dice Judah.

—Nuestro padre era una referencia, un modelo fantástico a seguir. Alguien muy avanzado a su tiempo, con unas capacidades increíbles, un gran padre y un gran maestro —dice Aarón.

Durante su infancia —explican los Vivancos—, los siete estudiaron en la escuela que su progenitor había fundado y dirigía en la Columbia Británica, la Quanticoh Independent School. Después trabajaron profesionalmente en la compañía FlamenKos, recorriendo Canadá y parte de Estados Unidos, y a mediados de los noventa algunos de ellos continuaron juntos en la Junior Symphony Orchestra of Amsterdam, con la que comenzaron a viajar por todo el mundo.

Cada uno toca un instrumento —el violonchelo, el piano, la percusión, el saxofón, el violín, la flauta travesera—. Explican que, cuando eran pequeños, su padre compró un montón de instrumentos musicales y los dejó en una sala para que los niños experimentaran y se despertara en ellos el instinto musical, y así cada uno pudiera elegir su instrumento. El padre les había enseñado las artes como si se tratara de un juego. Habían crecido todos en un entorno de constante creatividad, y habían recibido una educación que ponía el acento en desarrollar sus cualidades artísticas.

Su camino hasta el éxito, sin embargo, no ha sido un camino fácil. Cuando su padre murió, lo pasaron muy mal. La familia en la que habían crecido se desmoronaba, apenas tenían dinero. Los hermanos Vivancos han sentido de una manera muy intensa lo que es la discriminación y la estigmatización. Tuvieron que huir de España cuando eran pequeños, se sintieron siempre perseguidos en Canadá. Cuando montaron la compañía, malvivían los siete en un solo piso. Incluso ahora, cuando han conseguido triunfar, cuando llenan teatros y son admirados en todo el mundo, los siguen interrogando y examinando con suspicacia por el simple hecho de haber crecido en un entorno familiar que no se amolda a los cánones tradicionales. Pero agradecen a su padre que les enseñara a no rendirse, a continuar hacia delante a pesar de todo, y a aceptar a los demás como son.

—Realmente era un portento. Sabía de medicina como un internista, asistía a clases y a los hospitales para tomar notas. Tenía un talento innato para aprender. Lo absorbía todo.

—El hombre más grande que he conocido. Una persona increíble y muy cariñoso con todos sus hijos. Ejemplar. Un gran hombre y un gran padre. Un ídolo y un ejemplo para seguir. Muy adelantado a su tiempo.

Elías —que es el mayor de los hermanos— es quizá quien muestra más afecto hacia su padre. A veces da la sensación de que se esfuerza por intentar rescatar su nombre del pasado oscuro que le rodea, y de las acusaciones que cayeron sobre él en la prensa durante los años ochenta.

—Para mí era un genio —dice con convencimiento—. A nosotros nos mantuvo muy ajenos a aquellas críticas. Nacimos y nos formamos en lo que para nosotros era una familia normal, aunque cuando creces te das cuenta de que no es el modelo típico. De todo lo que se habló en aquella época no hemos estado muy al tanto y lo poco que nos ha llegado nos parece absurdo. En cierta manera, nuestro espectáculo es un homenaje a él y a la vida que hemos tenido.

*

Una vez, cuando todavía estaban en Canadá, en el rancho de Rock Creek, Pedro Vivancos convocó a todo el grupo y les anunció que los abandonaría.

Pedro siempre había sido una figura muy polémica. Según algunos era un santo, un genio, una persona que estaba por encima de su época; para otros, era un farsante, un narcisista y un manipulador. Es curioso: aquel hombre que decía que tenemos que acabar con el falso dualismo con el que miramos el mundo, y que se refería despectivamente a la gente normal y corriente como el «mundo par», estaba aparentemente lleno de contradicciones. Por un lado, parecía ser alguien muy evolucionado. Era un «portento», como decían sus hijos. Pero justamente esa confianza en sí mismo resultaba su peor defecto. No tenía posesiones a su nombre, y, sin embargo, todo era de él. Podía encerrarse a meditar durante una semana, hacer largos ayunos, vivir en una austeridad absoluta, pero a la vez no podía renunciar al sexo ni al amor que sentía por su familia. Había intentado crear una sociedad no regida por los valores del pasado y abierta a aceptar una nueva frecuencia de vida, pero él mismo se dejó tentar por los beneficios obtenidos. Más de una vez había dicho a sus discípulos:

—Tienes que ofrecer un banquete a los demás, pero no

puedes sentarte a comer, porque quedarías atrapado. Vive en el mundo sin ser parte de él.

Y en algún momento Pedro perdió de vista el puerto adonde se dirigía. El ego —aquel ego contra el que había pasado la vida luchando— acabó derrotándolo, en cierto sentido. Y al verse atrapado de aquella manera, supo que tenía que abandonarlo todo e irse. No solo por su bien, sino por el de toda la comunidad. De alguna manera, se había acabado convirtiendo en un lastre o un estorbo para los demás. Su presencia impedía que sus hijos desarrollaran todo su potencial.

—Mi tiempo de estar entre vosotros se ha acabado —anunció a la comunidad—, aquí se acaba mi función. Yo ahora tengo que alejarme de todos vosotros. Ya sabéis qué tenéis que hacer. Hasta ahora he estado en la casa de mis hijos, porque yo no tengo ninguna casa, nunca he tenido nada a mi nombre ni lo tendré. Me iré, quizá a Japón, y alguna vez vendré a veros. Mi hijo mayor, Elías, será un buen sucesor.

Pero lo cierto es que Pedro nunca llegó a hacer aquel viaje final a Japón. No fue capaz de cumplir los designios que él mismo se había impuesto. Fue posponiendo su marcha, y un día cayó enfermo.

*

Pedro Vivancos siempre estaba pensando en nuevas maneras de hacer dinero. Se preocupaba por el futuro de su familia, quería asegurar el futuro de todos los niños para cuando él ya no estuviera. En 1991 se le ocurrió invertir en México, concretamente en el negocio del marisco. La idea era comprar marisco a muy buen precio y transportarlo en camiones refrigerados a los mercados de Estados Unidos, para revenderlos a un precio muy superior.

Localizaron el lugar ideal para sus propósitos: el golfo de California, el brazo de agua que separa la península de la Baja California del resto de México, en la frontera entre México y Estados Unidos. Se trata de una de las zonas marinas de mayor biodiversidad del mundo, con una gran variedad de especies animales y vegetales. Las aguas del mar de Cortés son cristalinas y de color azul intenso, y las playas, de arena blanca.

Javier, a quien Pedro Vivancos a veces utilizaba como una especie de emisario (también había ido a explorar el oeste canadiense cuando estaban en Montreal y buscaban un nuevo hogar), se encargó de ir allí para negociar una finca que estaba frente a una playa preciosa y que tenía un kilómetro de largo, no muy lejos de Los Cabos, un lugar muy turístico. El paisaje era paradisíaco, el lugar ideal para instalarse y comenzar un nuevo negocio y una nueva vida.

El problema era que, a principios de los noventa, los extranjeros tenían prohibido comprar tierras mexicanas. Pero eso no era un impedimento para alguien como Pedro Vivancos. Justo en aquel momento, tres de sus mujeres estaban embarazadas, así que se organizó un viaje para que los tres nuevos pequeños Vivancos nacieran en tierras mexicanas. Las tres madres y los tres seguidores que harían el papel de padres subieron a una de las autocaravanas y bajaron desde Vancouver, atravesando Washington, Oregón y California, hasta entrar por San Diego en Tijuana, justo a tiempo para dar a luz.

Los tres padres legales de las tres criaturas pudieron tramitar, más adelante, los títulos de propiedad de la finca, de aquel terreno inmenso y precioso frente al mar Bermejo, donde habitan ballenas, delfines, tiburones, mantas gigantes y tortugas marinas. Aquel era el primer año que estaban en Rock Creek, y al acercarse el invierno toda la familia se trasladó allí. Pero el lugar no fue el paraje ideal que habían soñado. El negocio del marisco no prosperó. Casi todo el mundo enfermó, y una niña —una hija de Pedro— murió. Parecía una señal del destino, como si los dioses les avisaran de que aquel no era el lugar al que pertenecían. Pero, aunque la comunidad en menos de un año acabó volviendo a instalarse en Canadá, durante los años que siguieron se aseguraron, haciendo turnos, de que siempre hubiera alguien vigilando la playa. Siempre existió la idea de convertir el lugar en un resort o algún tipo de negocio turístico. El terreno sigue siendo hoy en día propiedad de la familia.

*

Después de recibir la orden de deportación, en noviembre de 1994, Pedro Vivancos había seguido viviendo en Rock Creek, aunque no durante mucho tiempo. Pedro era prevenido, siempre lo había sido, y allí, en el rancho, tenía todo tipo de escondites para evitar que lo capturara la policía. En cierta ocasión, varios coches aparecieron de repente en el valle, acompañados

149

de un helicóptero, que aterrizó delante mismo del complejo. Pero era invierno y ya hacía días que el grupo se había marchado a la isla de Mayne. La única persona que quedaba en Rock Creek era Jordi Mengual, que por orden de Pedro Vivancos se había quedado a hacer de vigilante del terreno. Cuando los policías le preguntaron por Pedro Vivancos, Jordi les dijo que hacía años que no sabía nada de él. Un grupo numeroso de policías revolvió todo el complejo, en busca de Pedro y de pruebas incriminatorias, pero tuvieron que marcharse con las manos vacías.

En 1995, Pedro Vivancos y todo su séquito abandonaron definitivamente Canadá. El gran patriarca estaba gravemente enfermo, y los Países Bajos parecían ofrecer una última esperanza para su recuperación. De todas maneras, ya hacía tiempo que el grupo pensaba en buscar un nuevo lugar donde vivir. Más allá de los problemas con el Departamento de Inmigración, muchos de los hijos de Pedro Vivancos eran ya adolescentes, y se empezaba a hacer evidente que necesitaban relacionarse con otros chicos de su edad y que no fueran hermanos suyos.

Se marcharon a vivir todos a Ámsterdam. Todos menos uno de los discípulos, que se quedó solo y pasó un año entero en aquel valle perdido de Canadá, vigilando el rancho, y que después de tanto tiempo en aquella soledad profunda, aseguraría haber empezado a oír las voces del bosque.

En Ámsterdam alquilaron un inmenso convento abandonado, lleno de salas y habitaciones, que ocupaba casi una manzana de casas entera. Debía de costar mucho dinero; parecía como si Pedro estuviera dispuesto a gastarse allí todos los ahorros del grupo. Allí vivía el grupo entero, unas sesenta personas contando adultos y niños.

Por una de estas casualidades del destino, resulta que, en aquella misma época, Jacobo Abel, el segundo hijo que Pedro Vivancos tuvo en su matrimonio con Pastora Martos, estaba viviendo justamente en Ámsterdam. Jacobo Abel es un virtuoso de la guitarra; tiene una mente musical prodigiosa, domina varios estilos y es considerado hoy en día uno de los grandes introductores de la guitarra eléctrica en el flamenco. Ha colaborado con músicos como José «el Francés», Tomatito, Niña Pastori, Joaquín Cortés, Jimmy Smith, Terence Blanchard, Christian McBride o Larry Harlow, y entre otras cosas hizo de guitarra solista en el homenaje que se hizo por el cincuenta aniversario del *Sketches of Spain* de Miles Davis en Nueva York. En aquella época estaba de gira por los Países Bajos con la Jaco Abel & The Mediterranean Funk Band. Una tarde apareció frente a su casa una limusina blanca, y de dentro salió Dolores Sayos. Le explicó que su padre estaba viviendo también en esa misma ciudad, y lo invitó a ir a conocer a sus cuarenta hermanos.

Jaco Abel subió a la limusina y enfiló hacia el convento. Puesto que presentar a tantos niños podía resultar tedioso y confuso, la familia decidió que cada uno de los hermanos se presentaría a sí mismo ofreciéndole un pequeño espectáculo con una muestra de sus habilidades. Jaco Abel —un joven guapo, calcado a su padre, con el cabello largo y una chaqueta de cuero— se sentó en una especie de trono y pasó la tarde viendo desfilar y actuar a su extensa y talentosa familia.

La salud de Pedro Vivancos, mientras tanto, había ido empeorando. Pero incluso en aquellos últimos momentos encontró fuerzas para seguir aprendiendo y enseñando. Durante aquellos últimos tiempos, Pedro había desarrollado un interés creciente por el chi kung, una práctica de origen chino que combina meditación, respiración y movimiento para mejorar la salud y el bienestar. La palabra «chi» (también conocida como «qi») se refiere a la fuerza o la energía vital que, según la medicina tradicional china, circula por nuestro cuerpo. El chi kung se basa en la creencia de que podemos manipular y fortalecer este flujo de energía a través de movimientos suaves y repetitivos, para así mejorar la salud física y mental. En la medicina china el chi kung se utiliza a menudo como una forma de terapia complementaria para tratar diversas afecciones de salud.

En aquel antiguo monasterio, Pedro practicaba chi kung y lo enseñaba a su familia. Había cierto secretismo en torno a su enfermedad. Se decían muchas cosas, pero nadie sabía a ciencia cierta qué estaba pasando.

Una vez, él y Paloma desaparecieron durante unos cuantos días del convento. Cuando volvió a aparecer ante sus discípulos, del mismo modo que lo había hecho en su regreso de Japón veinticinco años atrás, Pedro lo hizo con la cabeza totalmente rapada. Pero esta vez era muy diferente. La llevaba afeitada porque se había tenido que someter a una operación quirúrgica en el cerebro. A partir de entonces llevaría siempre una gorra para taparse el cráneo.

*

Pepe me explicó que, poco después de la muerte de Pedro Vivancos, su hermana mandó a sus seis hijos a Barcelona, y él los acogió durante una temporada en casa. Los niños tenían algunas cosas peculiares; se notaba que habían sido criados en medio de la naturaleza, aislados del resto del mundo. Todos hablaban de una manera parecida, con las mismas expresiones. Todos pronunciaban la ese con la misma leve desviación interdental. Pepe me explicó que el primer día de estar en casa, uno de los niños cogió un melocotón de la cocina, se lo comió a mordiscos mientras daba una vuelta por la casa y luego escupió el hueso por el balcón. El tío le tuvo que explicar que aquello no se hacía. Pero lo más divertido de toda la historia era que Pepe tardó dos días en darse cuenta de que en casa no había seis niños, sino siete: su hermana le había endilgado además un hijo de otra de las madres.

Yo había oído algunas cosas sobre la muerte de Pedro Vivancos. Cuando le pregunté a Pepe, me explicó una historia fabulosa, a la que daba toda la credibilidad posible, pues era lo que le había explicado su hermana. Durante uno de los viajes de Pedro a México, me dijo, algún tipo de mosquito tropical le había picado en la nuca o en la cabeza y le había implantado huevos o larvas bajo la piel. Al crecer, las larvas comenzaron a devorarle los tejidos que rodeaban el cráneo, le perforaron el hueso y llegaron fatalmente al cerebro. Pepe me dijo que Pedro había ido a Ámsterdam porque justamente allí se encontraba uno de los centros de investigación de enfermedades tropicales más importantes del mundo.

Como todo en esta historia, era una muerte absolutamente sorprendente. No solo eso: tenía un punto de ironía poética o macabra. Pedro Vivancos, que se había pasado la vida sermoneando a la gente, había muerto porque un insecto le había comido literalmente el cerebro. ¿Qué tipo de insecto, concretamente? ¿Y cómo se había desarrollado, exactamente, la enfermedad? ¿La enfermedad la había cogido en el año 1991, cuando todo el grupo viajó a México, o es que había vuelto a ir más adelante? Pepe no sabía más, así que, mientras movía hilos para intentar hablar con algunos de los discípulos, hijos y mujeres de Pedro, empecé a buscar por internet mosquitos o insectos en general que pudieran haber causado aquello. Y encontré un candidato que encajaba perfectamente con la historia.

Se trataba de la *Dermatobia hominis*, la mosca de la muerte, el único éstrido que parasita al ser humano, y que casualmente vive en México. Su manera de reproducirse es muy peculiar: las hembras de esta especie son capaces de atrapar al vuelo otras especies de insectos, incluyendo la mosca doméstica y diversos tipos de mosquitos. Una vez capturado, la *Dermatobia hominis* deposita en el mosquito en cuestión una treintena de huevos; cuando el mosquito se pone encima de un vertebrado, los huevos que lleva en su cuerpo eclosionan gracias al calor, y las larvas acabadas de nacer penetran en la piel del huésped, a través de un folículo piloso, una herida o el agujero de la misma picadura del mosquito.

Esta parasitación es conocida como miasis, que es el término general que se utiliza para referirse a cualquier infección parasitaria causada por un díptero. Las larvas de la mosca crecen y se desarrollan dentro del cuerpo del huésped, alimentándose de él durante un periodo de ocho semanas. Una vez que han completado su metamorfosis, las larvas emergen del huésped convertidas en crisálidas.

La *Dermatobia hominis* parecía el candidato perfecto para haber causado la muerte de Pedro. Para asegurarme de que encajaba con la historia, hablé con una parasitóloga y también con un neurólogo que conocía. Ambos me confirmaron que la evolución de Pedro y lo que me habían explicado de sus últimos días en Ámsterdam era perfectamente congruente con una posible miasis cerebral. La parasitóloga me dijo que, curiosamente, hacía poco había tenido que trabajar en el caso de un señor que había llegado a Málaga desde México con larvas de *Dermatobia hominis* en la cabeza. Las larvas de esta mosca son, por decirlo de alguna manera —me dijo—, carroñeras, y se alimentan de la materia orgánica que van encontrando a su paso. En el caso de este señor, habían tenido que sacar las larvas de su cráneo, limpiar la zona y darle antibióticos. Porque ese era el peligro real: no que las larvas puedan llegar a devorar tu cerebro —a fin de cuentas, solo viven como larvas durante ocho semanas—, sino que causen una sobreinfección en la zona, lo que puede tener consecuencias fatales. El neurólogo me explicó que todavía había otra posibilidad: el propio sistema inmunológico, activado en respuesta a la invasión infecciosa, podía haber acabado atacando o afectando tejidos cerebrales.

Todo parecía cuadrar. Cuando empecé a entrevistar a gente y a preguntarles por la muerte de Pedro, sin embargo, encontré que cada uno me decía algo diferente, y nadie parecía saber nada con certeza absoluta. Alguien había oído decir que había muerto de un ataque al corazón, otro decía que quizá de un tumor en la cabeza. Un antiguo discípulo había oído hablar de la historia del mosquito, pero no le daba crédito, aunque no podía precisar con seguridad de qué había muerto Pedro. Como, de momento, hablar con la familia estaba resultando complicado, escribí al Centro de Historia Familiar de Ámsterdam para intentar pedir el certificado de defunción de Pedro Vivancos, pero en los Países Bajos estos certificados no son públicos hasta después de cincuenta años de haber ocurrido la muerte.

*

Cuando se alza el telón en el Teatro Victoria de Barcelona, los siete hermanos Vivancos aparecen impecablemente vestidos con tonos grises y negros, con corbatas y sombreros negros. En la primera coreografía, se confirma enseguida el tipo de espectáculo extremo que han preparado para impresionar al público. No estamos ante una obra sutil, sino frente a un gran artefacto que deja al público boquiabierto. Es un espectáculo total que fusiona ballet clásico, danza contemporánea, breakdance, acrobacias y artes marciales, todo bajo el paraguas del flamenco.

El espectáculo es un homenaje de los siete hermanos a su

padre, pero también es un homenaje —seguramente inconsciente— a una Barcelona desaparecida. Es como si hubieran
cogido todos aquellos espectáculos que eran el alma de la ciudad en los años cincuenta —los tablaos, los *music-hall*, el circo— y lo hubieran mezclado todo y agitado en una versión
actualizada para el siglo XXI. Una orquesta los acompaña durante todo el show, y en alguna ocasión interviene una can-
taora. En un momento del espectáculo, Cristo Vivancos, que
había sido bailarín principal del Scottish Ballet, aparece solo
en el escenario, con un único foco iluminándolo, para ofrecer
una coreografía exquisita y genial. Hacia el final, los hermanos aparecen desnudos de cintura para arriba (solo llevan pues-
tos unos tejanos) y la platea enloquece por unos instantes.

*

El miércoles 15 de marzo de 2023 hablé por teléfono con
Elías. Le expliqué que estaba escribiendo un libro sobre su
padre, y le dije que me gustaría mucho poder hablar con él o
con su madre, Paloma Lago, que por lo que sabía todavía vivía y además lo hacía a pocas calles de mi casa. Elías me dijo
que cuando él se implicaba en un proyecto, se implicaba de
verdad, y que antes de decidir si le interesaba colaborar o no
con el libro quería conocer más detalles. Quedamos que iría-
mos hablando, y que cuando tuviera más detallado el proyecto se lo haría saber para discutirlo.

Al día siguiente, el 16 de marzo, Pepe murió a causa de un
infarto. Por la noche, se había encontrado mal; se había le-

vantado de la cama y se había tomado una infusión, pero no había llegado a llamar a Urgencias. Por la mañana se desplomó. Acababa de cumplir sesenta y nueve años.

En el tanatorio, yo esperaba ver a sus hijos, a quienes hacía años que no veía, pero no hubo suerte: a uno de ellos, que vivía en Puerto Rico, se le había retrasado el vuelo y no llegaría hasta el día siguiente; el otro se había marchado ya a casa y no se veía capaz de volver a enfrentarse a todo aquello. Con quien sí coincidí, sin embargo, fue con una de las hijas de Pedro Vivancos. Aquellos días, casualmente, ella estaba en Cataluña por cuestiones de trabajo y se había instalado en casa de su tío. Fui a hablar con ella, y unos días más tarde quedamos para dar una vuelta y charlar de manera informal. Paseamos por la plaza España y por los alrededores del MNAC. Le hablé del tipo de libro que tenía en mente. Como es natural, ella mostraba muchas reservas. Me habló de su padre, de la vida en Canadá.

En algún momento no pude aguantarme y le pregunté cuál había sido la verdadera causa de la muerte de Pedro Vivancos, porque había oído varias historias que no tenían mucho que ver las unas con las otras. La chica titubeó. Miró hacia uno y otro lado, como si tuviera miedo o vergüenza, pero al final soltó aquella palabra terrible.

*

Cuando Pedro Vivancos murió, todo el grupo regresó al rancho de Rock Creek. Paloma Lago y algunas otras madres querían que la comunidad continuara, aunque fuera sin Raschi-mura, pero al final el grupo se acabó disolviendo. Pocos meses después de su regreso a Rock Creek, el 8 de febrero de 1997, una niña llamada Jasental Martínez, hija de Ángeles Prunés, murió aparentemente por deshidratación tras sufrir síntomas de gripe. Después de aquello, algunas madres comenzaron a regresar a España con sus respectivos hijos y sus familias.

Paloma Lago se instaló en Barcelona, donde aún vive ahora. Rosa Soler acabaría regresando a Canadá, donde abrió, junto con otros miembros de la comunidad, una cadena de pizzerías. Murió hace un par de años. Ángeles Prunés, Montserrat Prunés, María Hernández y Dolores Sayos también viven en estos momentos en Cataluña. Paloma León sigue en Canadá.

*

Cáncer.

Pedro Vivancos había muerto de cáncer. No murió por causa de la picadura de ningún mosquito, todo aquello no era más que un cuento. Tenía una peca en la espalda, cerca de la nuca, que con el tiempo resultó ser cancerígena. El cáncer de piel se fue extendiendo y la metástasis acabó afectando al cerebro. La verdad era que habían ido a Ámsterdam no porque hubiera ningún instituto especializado en enfermedades tropicales, sino (entre otras cosas) porque los Países Bajos era uno de los pocos lugares del mundo donde la eutanasia era legal en aquellos tiempos. Llegado el momento, Pedro quería tener la posibilidad de acabar con la agonía poniendo fin a su vida.

En Ámsterdam, Pedro Vivancos había estado yendo a ver al doctor Dong Zhi Lin, que había fundado un centro médico tradicional chino en 1986 en Utrecht y que ese mismo año de 1995 había abierto una nueva clínica en la capital, en la calle Geldersekade. Pero su situación no mejoraba. Pedro envió entonces a Rosa Soler, la hermana de Pepe, a España, donde en aquel tiempo residía el médico alemán Ryke Geerd Hamer, creador de la Nueva Medicina Germánica, quien desde 1986 tenía prohibido practicar la medicina en Alemania, y que afirmaba que la quimioterapia era parte de una conspiración judía para acabar con la civilización occidental. Él tampoco pudo hacer nada para frenar el avance de la enfermedad de Pedro.

Aunque nunca se sometió a quimioterapia, Pedro Vivancos sí accedió a operarse. Cuando regresó del hospital con Paloma Lago, después de que le intentaran extraer el tumor, Pedro había perdido movilidad en un brazo. Todavía tendría que someterse a una segunda operación más adelante. Algunos de los que convivieron con él en aquella época dicen que esa fue la única vez que lo vieron bajar de su pedestal. Se comportaba de manera extraña, a veces decía cosas contradictorias. Paseaba por los pasillos del convento, con su gorra, practicaba chi kung con la familia y mantenía conversaciones oscuras y sorprendentes con sus discípulos. A uno de sus discípulos lo dejó estupefacto cuando le dijo que lamentaba no haber dedicado más tiempo a educarlo como alumno suyo, y que lamentaba no haber dedicado más tiempo a educarlo sexualmente. El discípulo pensó que Pedro parecía obsesionado con aquel tema. En general, se le veía decaído.

Pero, si había muerto de cáncer, ¿de dónde había salido aquella historia del mosquito que me había explicado Pepe? ¿Por qué la hermana o quien fuera que se la inventó debería haberlo hecho? ¿Por qué no decir la verdad?

La respuesta es sencilla y a la vez complicada: para Pedro Vivancos, para su grupo, para los seguidores de Raschimura, la picadura de un mosquito es como una piedra que te cae encima desde lo alto de una montaña, una bala errática que te acierta en el pecho o un cuchillo que alguien te clava entre las costillas. Es un ataque externo, algo que pasa, es un hecho azaroso e inevitable. El mosquito le podía picar a Pedro Vivancos como le podría haber picado a cualquier otra persona. El cáncer, en cambio, es una enfermedad que surge de dentro de uno mismo. Un grupo de células que habitan tu cuerpo, que son parte de tu propio cuerpo, empiezan a crecer de manera descontrolada, formando tumores e invadiendo y destruyendo los tejidos adyacentes. Para Raschimura, el origen de este mal es psicosomático: el cáncer es fruto de las tensiones espirituales y los desequilibrios no resueltos. El cáncer no es una catástrofe accidental, sino una verdad que te incumbe íntimamente, una consecuencia tenebrosa de tu historia, la expresión última de tu infelicidad y de tu incapacidad ante la vida. Para la comunidad de Raschimura, el cáncer tenía incluso un componente vergonzoso o denigrante, era prácticamente un tabú, en un sentido parecido a como podría serlo el sida para nuestra sociedad o la sociedad de hace unos años.

El hombre, como parte integrante del inmenso Macrocosmos del Universo, debe vivir en armonía con estas leyes y así, alimentándose de una forma sana y austera, y apartando de su lado la violencia, la insatisfacción, la angustia y el miedo, conservará la paz en su alma, y no enfermará nunca, pues, aunque su cuerpo se fatigue, le mantendrá al abrigo de la enfermedad.

Eso era lo que aseguraba Raschimura. Pero si el propio Raschimura tenía cáncer, solo había dos explicaciones: o bien él mismo no había sido capaz de alcanzar o conservar la paz espiritual de la que hablaba, o bien todo su discurso era falso.

Pepe me dijo que, al ver a Pedro moribundo, su hermana se desencantó con él, o que algo cambió en la manera en que lo veía. Dejó de creer en él. Cuando todo el grupo regresó a Canadá, Paloma Lago quería seguir adelante y mantener viva la comunidad y los proyectos de Raschimura, pero Rosa no. Rosa, que era una mujer inteligente y formada académicamente, que tenía la carrera de Biología, era la única de las siete madres que a veces le discutía a Pedro sus teorías. Ahora era como si al gran líder le hubiera caído la máscara al suelo.

Y la pregunta que toca hacernos es: ¿qué había, bajo la máscara, si es que verdaderamente lo que llevaba era una máscara? ¿Quién de todos aquellos personajes diversos era el verdadero Pedro Vivancos? ¿Era el simpático camarero que ayudaba a sus padres en el bar Las Cuevas? ¿El ambicioso bailarín del Paralelo que leía a Dostoievski? ¿Era la gran pareja de Pastora Martos, el bailaor insobornable del Gran Circo Nacional Español? ¿Era el atento y riguroso maestro de taekwondo? ¿El atrevido hombre de negocios? ¿Era el padre que enloqueció cuando perdió la custodia de sus hijos? ¿Era el Raschimura Yogi, el sabio místico venido de Japón que impartía lecciones de yoga en un dojo de Sant Cugat? ¿O quizá era el padre Iván, el líder de una pequeña comunidad utópica en un valle perdido de Canadá, que había abrazado una especie de sufismo y vendía iconos religiosos a las iglesias ortodoxas de Estados Unidos?

Cuando hablas con la gente que lo conoció, cada uno te ofrece una visión de él que es diametralmente opuesta a la de los demás. Algunos te dicen que era un ególatra y un manipulador; otros lo consideran un revolucionario y un hombre incomprendido. ¿Era el líder de una peligrosa secta destructiva, o solo el gran patriarca de una familia peculiar? ¿Era un sabio o un embaucador? ¿Un santo o un demonio? Pero quizá no haya que escoger; quizá lo que pasa es que nos empecinamos en clasificar las cosas, en categorizarlo todo, en ver el mundo de una manera dual, en hacer buenos y malos y decir lo que es verdad y lo que es mentira. Quizá cabe la posibilidad de que Pedro Vivancos fuera todas estas cosas a la vez.

Murió en abril de 1996, a los cincuenta y siete años.

* * *

Bibliografía y notas sobre las fuentes

Este libro es el resultado de muchas horas rebuscando en la hemeroteca, de la lectura de algunos libros y de mantener conversaciones con gente que conoció a Pedro Vivancos o que de alguna manera fue testigo de su historia: discípulos, familiares, conocidos. A menudo he encontrado recelo hacia el proyecto; no he podido entrevistar a tanta gente como habría querido. Sobre todo, lamento no haber podido hablar con Paloma Lago. Seguramente ella conoció a Raschimura mejor que ninguna otra persona. Pero la visión que la familia tiene de Pedro Vivancos es una visión muy particular, y yo necesitaba hacer el libro a mi manera. He intentado mantener siempre contacto con la familia de Raschimura; les he enviado los diversos borradores del libro y me he mostrado siempre abierto a discutir y modificar eventualmente cualquier punto que les pareciera dudoso o molesto. En cuanto a la historia, no he inventado ningún detalle; cuando reproduzco algún diálogo o pongo una frase en boca de Raschimura, es porque lo leí así o me lo han explicado así, literalmente. Cuando las afirmaciones de algún testigo chocaban con las de algún otro, he optado por mantenerme neutral o no mencionar el hecho en disputa. Alrededor de Raschimura hay muchos rumores; algunos de ellos tocan temas delicados. Cuando no he podido contrastar su solidez, he preferido callar.

Buena parte de la información sobre Raschimura que se publicó en diarios y libros durante los años ochenta y noventa proviene del testimonio de José Soria y Rosa Pastor, los discípulos que abandonaron el grupo y denunciaron al maestro a la Guardia Civil. Después de muchas dificultades, conseguí localizar a José Soria, pero, a pesar de mi insistencia, él en todo momento se ha negado a colaborar en el libro.

La historia de Mercè Cardona, que vertebra el capítulo 3 del libro, la saqué de sus entradas en el blog colectivo *Pàgines viscudes*. Mercè murió en el año 2018.

1. El bailaor en Babilonia

«Ana Guirao y Pedro Vivancos en el Bolero», anuncio en *El Noticiero Universal*, núm. 23.446 (13 de septiembre de 1961).

«Cinco heridos en accidentes del tráfico», Sucesos, *La Vanguardia* (6 de julio de 1954).

«Gravemente herido en una colisión», Sucesos, *La Vanguardia* (13 de abril de 1956).

Centros oficiales (24 de mayo de 1958), noticia sobre el segundo accidente de Fernando Vivancos, *La Vanguardia*.

ESTARRIOL, R. (15 de agosto de 1965), «Éxito del Circo Nacional Español en Austria», *La Vanguardia*.

FIGUERUELO, A. (17 de octubre de 1961), «Bailarín intelectual», entrevista a Pedro Vivancos, *El Noticiero Universal*, núm. 23.475.

GASCH, S. (1964), «Fuera de los focos del teatro», *Destino*, núm. 1385, p. 52.

— (1963), «Triunfa en Bruselas el Gran Circo de Madrid», *Destino*, núm. 1329, p. 43.

— (1963), «Danza y circo», *Destino*, núm. 1355, p. 38.

— (1962), «Pastora Martos y Pedro Vivancos», *Destino*, núm. 1289, p. 53.

— (1961), «Una vocación irresistible», *Destino*, núm. 1254, p. 36.

— (1969), *Les nits de Barcelona*, Pòrtic.

— (1997), *Barcelona de nit: el món de l'espectacle*, Parsifal.

ROMERO, L. (1956), *Libro de las tabernas de España*, AHR.

Semanario *Fotos* (San Sebastián), 31 de agosto de 1963, p. 13.

SEVILLANO, A. (1996), *Almería por tarantas: cafés cantantes y artistas de la tierra*, Instituto de Estudios Almerienses.

2. El brazo más rápido de Tokio

AVIÑOA, X., P. Llorens e I. Rubio (1987), *Història de la dansa a Catalunya*, Creaciones Gráficas.

Deportes (12 de noviembre de 1958), «El Arzobispo-Obispo

presidió la entrega de trofeos de las competiciones diocesanas», *El Noticiero Universal*.

LANDA, E. (1985), «La oveja roja de los Franco: entrevista a Pilar Jaraiz», *Destino*, núm. 4, pp. 61-63.

PASTOR, R. y J. Soria (1985), «A qui pertoqui», *Quaderns de Vida Cristiana*, núm. 127, pp. 85-90, Publicacions de l'Abadia de Montserrat.

Recetario Raschimura, autoeditado.

RODRÍGUEZ, P. (1997), *El poder de las sectas*, Ediciones B.

— (1993), *Las sectas, hoy y aquí*, Tibidabo.

— (1984), *Esclavos de un mesías: sectas y lavado de cerebro*, Elfos.

ROGLAN, J. (24 de abril de 1983), «Raschimura, una peligrosa secta que opera en Cataluña», *El Periódico*.

SALES, F. (27 de abril de 1983), «Pedro Vivancos, desde un lugar desconocido, ordenó la disolución de la secta Raschimura», *El País*.

3. Raschimura, S. A.

Noticia sobre las galletas Raschimura (2 de abril de 1980), *El Periódico*.

CARDONA, M. (23 de agosto de 2013), «La meva pedra», *Pàgines viscudes*, <http://www.paginesviscudes.com/la-meva-pedra>.

ROGLAN, J. (17 de octubre de 1983), «Buscan un coche oculto en el jardín de Raschimura», *El Periódico*.

— (1983), «Raschimura, la secta de los mafiosos», *Interviú*, núm. 365, pp. 125-128.

— (27 de abril de 1983), «La secta Raschimura vendía las basuras de Mercabarna», *El Periódico*.

— (4 de mayo de 1983), «El restaurante de los Raschimura no tenía permisos», *El Periódico*.

4. Camino a un lugar desconocido

«El Estado investiga dos sectas orientales» (25 de mayo de 1983), Religión, *La Vanguardia*.

«El fugado de la secta Raschimura se querella» (30 de abril de 1983), Tribunales, *El Periódico*.

«El respeto a la libertad de culto dificulta la legislación sobre fenómenos sectarios. Los grupos que nacieron y vivieron en Barcelona. Las diferentes sectas, según su grado de peligrosidad» (29 de noviembre de 1987), Sociedad, *La Vanguardia*.

«La defensa ante las sectas» (28 de junio de 1984), Tribuna, *La Vanguardia*.

«La Fiscalía General del Estado abre una investigación sobre las sectas» (24 de mayo de 1983), Tribunales, *El País*.

«Principales sectas con implantación en España» (3 de mayo de 1986), Sociedad, *La Vanguardia*.

«Un místico de vuelta de todo» (9 de mayo de 1983), Sociedad, *El País*.

Cia, B. (11 de enero de 1990), «La Audiencia aplica la atenuante de enajenación mental a cuatro adeptos a la secta Raschimura», *El País*.

— (13 de diciembre de 1988), «La fiscalía pide penas de uno a cuatro años de prisión para los integrantes de la secta Raschimura», *El País*.

— (13 de diciembre de 1988), «Los hijos del líder», *El País*.

— (19 de diciembre de 1989), «Los exadeptos de Raschimura son víctimas de su dirigente, según el fiscal», *El País*.

CIRBIÁN, T., J. Roglan y A. Trujillo (26 de abril de 1983), «Ingresa en la Modelo el "médico" de Raschimura», *El Periódico*.

NAVAS, B. (2001), *Tratamiento jurídico de las sectas*, Comares.

PUJOL, E. (27 de abril de 1983), «La secta de los Raschimura niega las acusaciones de dos de sus sectarios», *La Vanguardia*.

— (28 de abril de 1983), «La secta Raschimura. Aún quedan tres adultos en la masía», *La Vanguardia*.

— (29 de abril de 1983), «Raschimura: ningún indicio delictivo», *La Vanguardia*.

RIVIÈRE, M. (24 de abril de 1983), entrevista a José Soria, *El Periódico*.

RODRÍGUEZ, J. (7 de diciembre de 1984), «Políticos, sectas y policías», *La Vanguardia*.

ROGLAN, J. (25 de abril de 1983), «Redada de la Guardia Civil en la sede de la secta Raschimura», *El Periódico*.

— (28 de abril de 1983), «Las fuerzas de Seguridad analizan a Raschimura», *El Periódico*.

— y A. Trujillo (29 de abril de 1983), «Una falsa doctora de Raschimura aún "cura" en Madrid», *El Periódico*.

Sales, F. (11 de octubre de 1983), «Decretan la captura e ingreso en prisión de una nieta de Pilar Franco», *El País*.

— (12 de octubre de 1983), «Un juez investiga la muerte de una anciana "tratada" por la secta Raschimura», *El País*.

— (28 de abril de 1983), «Auto de prisión para un miembro de la secta de Raschimura», *El País*.

— (9 de mayo de 1983), «Una enferma de diabetes denuncia el alucinante tratamiento médico de la secta de los Raschimura», *El País*.

Trujillo, A. (2 de mayo de 1983), «En Lleida surgen nuevas quejas por Raschimura», *El Periódico*.

5. El padre Iván

«B.C. neighbors not kindly to commune» (26 de abril de 1991), *Red Deer Advocate*.

«Commune of women apply for refugee status» (19 de abril de 1991), The Nation, *The Whitehorse Star*.

«Death flat used for prostitution» (5 de agosto de 1995), *Aberdeen Press and Journal*.

«Immigration rejects claims of 7 spaniards» (17 de abril de 1991), Nation, *Montreal Gazette*.

«Life sentence» (30 de marzo de 1996), *Leicester Daily Mercury*.

«Murder charge» (9 de agosto de 1995), *Aberdeen Press and Journal*.

«"Sex-cult" members ordered to leave the country» (15 de diciembre de 1994), Columbia Británica, *Times Colonist*.

«"Spaniards" lose points with fellow islanders» (22 de abril de 1991), Canadá, *The Edmonton*.

«Spanish commune taking root despite efforts at deportation», (10 de junio de 1993), *Times Colonist*.

«Spanish commune women lose residency bid, try refugee route» (17 de abril de 1991), *Times Colonist*.

«Spanish poligamy cultists ordered deported» (22 de enero de 1998), Nation, *Montreal Gazette*.

«Spanish women must leave» (22 de enero de 1998), Columbia Británica, *Times Colonist*.

BERMINGHAM, J. (15 de diciembre de 1994), «Cult membres ordered to leave the country», *Montreal Gazette*.

BINDMAN, S. y K. MacQueen (10 de marzo de 1991), «The women of Pedro Vivancos», *The Ottawa Citizen*.

— (17 de marzo de 1991), «Who is Pedro Vivancos, and why does the Immigration Department want to kick his seven wifes and 24 children out of Canada?», *Montreal Gazette*.

— (8 de marzo de 1991), «Commune fights for refugee status», *The Vancouver Sun*.

BROWN, J. (1995), *All possible worlds*, New Star Books.

CLARK, G. (16 de mayo de 1997), «Sex cult commune "a crime family"», *The Province*.

FARROW, M. (11 de junio de 1991), «Commune refugee case hearing open», *The Vancouver Sun*.

— (14 de diciembre de 1994), «Mothers of 12 win right to return», *The Vancouver Sun*.

— (16 de abril de 1991), «Spaniards in commune seek refugee status», *The Vancouver Sun*.

— (2 de noviembre de 1991), «Spanish refugee women sought», *The Vancouver Sun*.

— (30 de abril de 1991), «Visitors shunned at commune», *The Vancouver Sun*.

— (9 de junio de 1993), «Mysterious group of Spaniards expands remote rural commune», *The Vancouver Sun*.

— y J. Odam (12 de marzo de 1991), «7 women offer to buy troubled ship», *The Vancouver Sun*.

GRINDLAY, L. (22 de noviembre de 1994), «Cult head told to go», *The Province*.

HAMILTON, S. (13 de febrero de 1997), «Child's death at commune probed», *The Province*.

SCOTT, A. (2017), *The Promise of Paradise: Utopian Communities in British Columbia*, Harbour Publishing.

WATTS, R. «Man held for immigration hearing believed Spanish commune founder», *Times Colonist*.

6. Nacidos para bailar

«800 niños para 7 hermanos» (11 de junio del 2008), Tendencias, *La Vanguardia*.

«La danza vital de Los Vivancos llega al Tívoli» (18 de enero de 2008), Cultura, *La Vanguardia*.

«Son of sex-cult leader expelled» (19 de agosto de 1999), *The Province*.

Barranco, J. (5 de diciembre de 2009), «Flamenco fusión por siete», *La Vanguardia*.

Guerra, A. (23 de mayo de 2018), «Los Vivancos: "Por nuestra cama han pasado mujeres famosas que no se ha sabido"», *El Confidencial*.

— (4 de mayo de 2018), «Vivancos: así hacen bailar al mundo y a Estefanía de Mónaco», *La Vanguardia*.

Humphreys, A. (19 de agosto de 1999), «Dancer claims he is barred from Canada due to father's sins», *National Post Canada*.

Swanson, J. (28 de diciembre de 1998), «What ever happened to...», *The Province*.

Tanner, A. (21 de enero de 1998), «Sect leader's wifes can't stay in Canada», *The Province*.

— (22 de enero de 1998), «Sect members ordered out of Canada», *The Ottawa Citizen*.